Karsten Bredemeier
Reiner Neumann

Nie wieder sprachlos!

Karsten Bredemeier
Reiner Neumann

Nie wieder sprachlos!

Ihr persönliches Lern- und Übungsbuch für kommunikative Intelligenz

orell füssli Verlag AG

3. Auflage 2000

Druck und Bindearbeiten: Freiburger Graphische Betriebe, Freiburg i. Brsg.
Printed in Germany

ISBN 3-280-02628-8

Die Deutsche Bibliothek – CIP-Einheitsaufnahme

Bredemeier, Karsten:
Nie wieder sprachlos! : Ihr persönliches Lern- und Übungsbuch für kommunikative Intelligenz / Karsten Bredemeier ; Reiner Neumann. - Zürich : Orell Füssli, 1999

ISBN 3-280-02628-8

Inhaltsverzeichnis

Die Autoren

Dr. Karsten Bredemeier

Arbeitet als Topmanagement-Berater und -trainer in Österreich, der Schweiz, Frankreich, Italien und Deutschland, nachdem er als Geschäftsführender Gesellschafter in einer großen deutschen Beratungsgruppe tätig war.

Er gehört zur «Branchen-Bundesliga» (HAZ) und gestaltete aus der Synthese von Medienwissen und Kommunikationstechniken einen besonderen Ansatz im Fernsehtraining, wo er heute als der führende Fernsehtrainer gilt.

«Dr. Dialektik», wie ihn Teilnehmer gerne nennen, begleitet Vorstände und Geschäftsführer in Kommunikationsfragen ebenso wie mittelständische und Großunternehmen.

Zu seinen Kunden gehören das FAZ-Institut Gruner + Jahr, ABB, Deutsche Bank, Novartis Pharma, Deutsche Telekom, Mannesmann Mobilfunk, RTL, ZfU und viele andere namhafte Klienten. Seine Vorträge und Seminare «Nie wieder sprachlos!» und «Provokative Rhetorik? Schlagfertigkeit!» sind bestbenotet und permanent ausgebucht.

Karsten Bredemeier ist Autor mehrerer Bücher und zahlloser Fachartikel.

Reiner Neumann

Diplom-Psychologe, nach Stationen als Stipendiat am Max-Planck-Institut für Bildungsforschung und als wissenschaftlicher Mitarbeiter an der Ruhr-Universität Bochum Tätigkeiten beim Niedersächsischen Sparkassen- und Giroverband, beim Siemens Coordination Center in Brüssel und als Leiter Personalentwicklung der Hamburg-Mannheimer Versicherungs AG, Bereichsleiter bei der Mummert + Partner FVT und bei der Kienbaum Personalberatung.

Jetzt ist Reiner Neumann für das Thema Knowledge Management/Learning Organisation und die Human-Resources-Aktivitäten der international tätigen Unternehmensberatung ABB Business Services Ltd., einer Tochter der Schweizer ABB AG, verantwortlich. Reiner Neumann ist Autor mehrerer Bücher und zahlreicher Fachartikel.

Vorwort

Sprache ist nach dem Küssen das einfachste und zugleich erregendste Kommunikationsmittel, das wir Menschen besitzen. Warum nutzen wir sie dann so unprofessionell?

Unsere Worte müssen häufig unser Denken ersetzen, sind die Quelle wortreicher Mißverständnisse, als elementare Verständigungsvokabeln dienen sie uns, aneinander vorbeizureden, kleiden schlicht oder elegant unsere Gedanken ein, sind gleichsam Götterboten der Macht und Magie unserer Sprachgewalt oder gerupfte Friedenstauben in Zeiten verbaler Zugeständnisse, mit der Leichtigkeit des Daherredens ertragen sie selbst die paradoxen Widersprüche in unseren Botschaften, und spöttelnd gar karikieren sie so manche Selbstdarstellung, sind geistige Schlagstöcke und somit häufig die Waffen derer, die keine andere besitzen.

Und doch: Wir scheinen dem Höhlenmenschen im Gebrauch der richtigen Worte zur richtigen Zeit kaum voraus zu sein.

Hier die falschen Worte, dort der falsche Ton, gestelzte und tönerne Argumente und Artikulationsschwierigkeiten mit emotionalen Aussagen. Und, wo bitte, bleibt die Kernbotschaft?

Wir räumen auf mit den tradierten Kommunikationsregeln, hinterfragen manchmal bissig und provokativ zugleich unsinnige Kommunikationstips und gestalten aktuelle, individuell ausgeprägte Auftritts- und Verhaltensregeln – mit denen Sie nachdenklich und aktiv zugleich an Ihre persönliche Performance herangeführt werden. Standardtips? Nein, aber gezielte Denkanstöße und spektrumsreiche Einladungen zur Veränderung.

Dieses Buch hinterfragt die «goldenen Regeln» der Kommunikation und schlachtet die heiligen Kühe.

Aus diesem Ansatz erfahren Sie die Methoden, Techniken und Instrumente, in allen Kommunikationssituationen – sei es im Beruf oder privat – schlagfertig zu agieren.

In einigen Kapiteln geben wir für Mitarbeitergespräche und Moderationen, aber auch zum Thema Führung konkrete und praxisorientierte Tips. Darüber hinaus finden Sie umfangreiche Übungen und Checklisten.

Wir grenzen uns ab von den einfachen Tips, «etwas intelligentere Sprüche» zu machen, und ordnen alle Kommunikationssituationen unter einem *Anspruch und Zuspruch zugleich:*

Nie wieder sprachlos!

Dr. Karsten Bredemeier
Reiner Neumann

Goldene Regeln der Kommunikation ... und ihre Entmythologisierung

Sprachlosigkeit entsteht häufig dort, wo wir Verhaltens- und Kommunikationsregeln haben, die allerdings in der spezifischen Situation nicht funktionieren.

Und: in allen Kommunikationstrainings bekommen die Teilnehmer «goldene Regeln» an die Hand, die ihnen den Weg durch den Kommunikations-Dschungel weisen sollen. Diese Regeln jedoch gleichen «heiligen Kühen», die verehrt werden, zugleich jedoch auch einer Entmythologisierung, einer Entzauberung bedürfen.

Zumindest ist es angebracht, diese kritisch auf den Aussagegehalt und ihre möglichen Schattenseiten zu prüfen.

Hier die wesentlichen *Regeln* und ihre *kritischen Seiten* im Überblick.

Regel 1

Es gibt faire und unfaire Gesprächsführungstechniken.

Mit dieser goldenen Regel ist ausgesagt, daß es Techniken in der Gesprächsführung gibt, die dazu dienen, den Dialogpartner ins Boot zu holen oder ihn von der Bootskante zu schubsen. Das Arbeiten mit Suggestionen oder Unterstellungen wird diesbezüglich häufig als unfair, Fragetechniken beispielsweise als fair deklariert.

Diese Unterscheidung ist nachhaltig falsch! Denn die Methode, Sie sehen das auch beim Thema Fragetechnik im dritten Abschnitt, ist zunächst einmal *wertneutral*.

Ob sie sich aber in der Anwendung als faires oder unfaires Mittel erweist, liegt in der Absicht, der Intention, des Anwenders.

Aktive Gesprächsführung ist zugleich immer eine Gratwanderung, nämlich «die Kunst, sich in den Haaren zu liegen, ohne die Frisur zu zerstören» (Gerhard Bronner), oder das «Foul so versteckt zu machen, daß der Schiedrichter es nicht sieht» (Dieter Hildebrandt).

Fazit
Sie entscheiden – für sich. Fair oder unfair ist eine Frage Ihrer Intention.

Profi-Tips zur fairen Gesprächsführung:

- Fairsein und -bleiben lohnt sich immer in Gesprächen, zumal uns Menschen häufig mehrmals über den Weg laufen. Doch unsere Fairness sollte nicht in Korrelation zur Frequenz stehen.
- Lohnend ist es aber, die Möglichkeiten der Unfairness zu kennen, damit Sie diese Stolpersteine in wichtigen Gesprächen und Verhandlungen souverän aus dem Weg räumen können und den Tretminen der Sprachlosigkeit entgehen.
- Unfaire Techniken sind gang und gäbe, auch mit ihnen müssen Sie konsequent umgehen lernen. Einem «netten» Gesprächspartner, der Sie im sokratischen Sinne wie eine Hebamme zu Worte bringt, sind Sie immer gewachsen. Doch wie sieht es mit den anderen aus?
- Ihr Verhalten beeinflußt Ihren Dialogpartner. Denken Sie daran.
- Überall wird die aktive Gesprächsführung in den Himmel gehoben, doch auch sie hat durch ihre Zielorientierung einen steuernden Impetus. Die Grenze zur Manipulation ist und bleibt Ihre Intention.

Regel 2

Lassen Sie Ihren Gesprächspartner ausreden.

Klar, diese goldene Regel wird uns schon in der frühen Kindheit eingetrichtert. Sie ist ein Gebot der Höflichkeit. Doch diese wiederum ist eine Zier, und weiter kommt man ohne ihr.

Ausreden lassen und *genau, richtig und analytisch* zuhören. Genau heißt, die Worte, die gesagt werden, aufzunehmen. Richtig, Signale des Zuhörens (beispielsweise ein Nicken) zu senden. Analytisch, die tiefere Intention in den Aussagen zu erfassen, gleichsam zwischen den Worten zu hören. Zuhören können ist eine *Kunst.*

Allerdings gibt es Situationen, in denen Ihr Dialogpartner *negative Aussagen* über Sie macht oder Falschaussagen in den Raum stellt. Und gerade in brenzligen Situationen, und von denen reden wir hier, müssen Sie diese *goldene Regel außer Kraft* setzen. Unterbrechen Sie überall dort, wo vielleicht kleine, aber feine Falschheiten sich in das Gespräch einschleichen können, korrigieren Sie höflich, aber konsequent. Und bitte kurz. In Talkrunden beispielsweise oder auf dem Podium sollten Sie direkt reagieren – und wenn nicht mit Worten, dann doch mit negierendem Kopfschütteln oder Gesten.

Einerseits steht eine Negativaussage danach im Raum, und Sie müßten auf diese verspätet reagieren, anderseits schauen sich vielleicht Dritte oder der Fernsehzuschauer an, wie Sie reagieren. Und Nicht-Reaktion bedeutet: akzeptiert!

Fazit

Es gibt Situationen, wo es angesagt ist, zu unterbrechen. Legen Sie diesen Teil der Höflichkeit konsequent ab. Die kluge Frau, der kluge Mann tut einmal das eine, mal das andere.

Profi-Tips zum Ausredenlassen:

- Die Höflichkeit gebietet es, den Gesprächspartner in seiner Argumentation ausreden zu lassen. Hier heißt es für Sie: genau, richtig und analytisch zuzuhören.
- Bei Unterstellungen oder entscheidenden Falschaussagen gebietet es die saubere, konsequente Gesprächsführung, statt Sprachlosigkeit eine klare Position zu beziehen.
- Sie stärken Ihr Standing, wenn Sie in solchen Fällen mit knappen, aber prägnanten Dementis reagieren: «Falsch!» oder entsprechender Gestik. Denn hinterher fehlt in den meisten Fällen die Zeit, die Dinge richtigzustellen – oder es kommt eine Rechtfertigung. Beides unterstützt aber nicht Ihre Position, sondern fördert Ihre Sprachlosigkeit.

Regel 3

Der erste Eindruck entscheidet, der letzte bleibt.
Rolf H. Ruhleder

Es gibt keine zweite Chance für den ersten Eindruck.
Tom Peters

Richtig, der erste *Eindruck* eines Menschen und der Anfang einer Rede prägen die Wahrnehmungsraster. Innerhalb von zwei Sekunden schätzen wir aufgrund gemachter Erfahrungen und einem unterbewußten Pool Menschen ein, kategorisieren sie und stecken sie zugleich in Schubladen.

Auch bei Vorträgen oder Reden gilt diese Maxime. Die Aufmerksamkeit zu Beginn einer Präsentation richtet sich auf den Einstieg. Tom Peters formulierte es folgendermaßen:

«Es gibt keine zweite Chance für den ersten Eindruck!»

Deshalb muß der Einstieg bei Gesprächen oder Vorträgen auch besonders gut vorbereitet werden.

Doch gerade diesen verpatzen viele Redner, weil sie davon ausgehen, diesen schon irgendwie zu finden – und wenn es nur die ersten Zeilen auf der Manuskriptseite sind. Doch was passiert vorher? Reden wir nicht über jene, die aufstehen, sich in männlicher Manier die Hose hochziehen, das Jacket zuknöpfen und dann beim Mikrofon erst einmal fragen, ob die Zuhörer sie denn auch gut verstehen können.

Außerdem: die Nervosität begleitet den Präsentator primär am Anfang, er muß mit der Umgebung und dem Publikum warmwerden, Kontakt schaffen, emotionalen Zugang finden.

Und der *Ausstieg?* Findet sich, glauben doch noch immer die meisten Redner. Und wenn gar nichts mehr läuft, dann hilft ja auch noch das «Danke», um dem Publikum zu signalisieren, daß man nun am Ende ist.

Fazit

Der erste Eindruck wie auch der letzte sind jeweils ein Strauß von Eindrücken.

Profi-Tips für Einstieg und Ausstieg bei Reden, Vorträgen oder Präsentationen:

- Hilfreich ist es, sich eine Situation bereits vor Ort vor dem geistigen Auge ablaufen zu lassen; so stellen Sie sicher, daß Sie bereits die vielen Kleinigkeiten im Blick haben, die Ihre persönliche Facette des ersten Eindrucks auf Ihr jeweiliges Publikum ausmachen. Und zwar müssen Sie folgendes bereits wie einen Film vor Augen ablaufen lassen: «Hier sitze ich, ich stehe auf, nehme bewußt Blickkontakt zu den Anwesenden auf, ich bewege mich langsam und souverän zum Podium …!» Bitte machen Sie das von dem Platz aus, auf dem Sie während der Veranstaltung später sitzen werden.
- Ein Einstieg gerät für das Publikum schnell zum Ausstieg, wenn der Vortragende glaubt, ihm fallen die ersten Sätze schon ein, deshalb: Bitte konsequente Vorbereitung Ihrer «verbalen Sicherheits-

leine» für den Einstieg, nämlich der ersten fünf Sätze. Formulieren Sie diese genau, schleifen Sie sie nach. Und denken Sie daran: Schriftsprache ist nicht Sprechsprache, deshalb laut und deutlich (in der Vorbereitungszeit!) vortragen.

- Jeder Einstieg beginnt auf der Bühne mit einem klassischen Dreierschritt: 1. Sich zum Lächeln motivieren (L.M.A.A. – Lächle mehr als andere! Bloß bitte kein stupides Dauergrinsen). 2. Mehrfach tief durchatmen (bitte nur nicht röhren, wenn Sie ein Lavalier-/Ansteckmikro haben!). 3. Positionieren Sie sich und nehmen Sie zuerst einmal konsequent zu Key-persons Blickkontakt auf – suchen Sie sich dazu bitte gezielt nur positiv schauende Personen aus).
- Legen Sie sich einen *Positiv*einstieg zurecht, der über die ersten fünf Sätze hinausgeht. Das könnte ein Sprachbild sein, eindrucksvolle Fakten, überzeugende Bilder, ein Brückenschlag zu gemeinsamen und verbindenden Erfahrungen, Verknüpfung von Person und Thema, doppeldeutige und provokante Fragen (bitte nur keine rhetorischen Fragen, die Sie nicht selbst beantworten – denn es gibt immer noch Zeitgenossen, die rhetorische Fragen anders beantworten, als Sie möchten, und futsch ist der erste Eindruck!). Doch denken Sie daran: Ihr Publikum hat nur eine Frage, bei der Sie anknüpfen müssen: «Was geht das mich an?!»
- Schlossen Sie bisher Ihre Reden und Vorträge mit «Danke!» oder «Herzlichen Dank für Ihre Aufmerksamkeit!»? Dann streichen Sie diese konventionelle Floskel. Ersetzen Sie Ihr Schlußwort durch einen gezielten Appell, der Ihre Kernbotschaft zu einem Handlungsappell ans Publikums gestaltet. Ein Beispiel: «Nochmals: wir sind am Wendepunkt angelangt, gestalten Sie diese Wende aktiv mit!» Das wechselt den geistigen Fokus von Ihnen auf Ihr Publikum, nehmen Sie nun bei einsetzendem Applaus nochmals intensiven Blickkontakt auf, und verlassen Sie erst dann das Podium. Alles andere wäre Flucht vor dem Beifall.
- Würdigen Sie am Schluß grundsätzlich den Applaus des Publikums einige Sekunden, packen Sie erst dann Manuskript oder

Ihre Visualisierungsmedien zusammen. Diese Würdigung geschieht durch Blickkontakt und leichtes Zunicken. Bitte nicht Abwehren durch Körpersprache oder Gesten.

Regel 4

Es gibt keine dummen Fragen!

Wer fragt, der führt!

Fragetechnik ist die Königin der Dialektik.

Es gibt lange Fragen und kurze.
Sprichwort der Apachen

«Wer fragt, der führt!» so plakativ formuliert wird eine tradierte «heilige Kuh» der Dialektik, der Kunst der Gesprächsführung. Schlachten wir auch diese.

Fragen sollen Informationen abrufen, das Gespräch vertiefen, motivieren oder das Gespräch von der sachlichen auf die emotionale Ebene transportieren. Sie dienen dazu, Erklärungen zu verlangen, drängen in die Rechfertigung, animieren oder suggerieren, faktizieren oder konterkarieren Aussagen des Gegenübers.

In vielen Seminaren haben Teilnehmer in Drucksituationen zu diesem Hilfsmittel gegriffen, um die Gesprächsführung wieder in den Griff zu bekommen. Nutzen tut es wenig, wenn es indifferent und unreflektiert in verbalen Auseinandersetzungen eingesetzt wird.

Und: Fragetechnik als «Königin der Dialektik» hat viel zu lange schon indifferent Einzug gehalten in mäßigen Seminaren. Schade.

Das Ergebnis läßt sich kurz an einem Beispiel demonstrieren.

Beispielsweise der Vorsitzende der Geschäftsführung in einem Mittelstandsunternehmen. Dieser – mit dem abschlußbereiten Vertrag vor sich – zückt seinen Füllhalter und will unterschreiben, als der Berater in die Ruhe hinein die bemerkenswert dumme Absch(l)ußfrage stellt: «Ich bin überzeugt, daß jetzt Ihrerseits auch keine weiteren Fragen mehr offen sind, oder etwa doch?»

Eine dumme Frage führte dann zwangsläufig doch noch zu weiteren Vertiefungen, an deren Schluß der Vertrag offenbleibt.

Fazit

Wer (an unpassender Stelle) dumm fragt, provoziert ... unbewußt und sicher ungewollt folgenschwere Irritationen beim Gesprächspartner oder Publikum. Egal, wenn es um nichts geht, schade, wenn damit das Gesprächsziel torpediert wird.

Wer heute ein Kommunikationstraining absolviert, der erfährt sehr schnell die Macht des Fragens, nichts jedoch über die Ohnmacht des Erfragens.

Wer heute eine Frage stellt, der sollte die Richtung der Antwort vorausahnen oder sogar die Antwortmöglichkeiten durchspielen.

Ein weiterer Kurzschluß ist der, daß clevere Gegenfragen in kommunikativ-angespannten, sog. Drucksituationen, von eben diesem Rechtfertigungs- oder Erklärungsdruck wieder entlasten können oder uns eine Atempause verschaffen. Das Resultat? Es ist vorhersehbar. Da ist beispielsweise der Verkaufsexperte – professionell geschult, daß «wer fragt, der führt!», und schließlich gibt es keine dummen Fragen –, der in der Diskussionsrunde zu seiner Wettbewerbspräsentation auf die Aussage, daß sein Ansatz nicht so recht überzeuge, mit einer typischen Gegenfrage («Warum denn nicht?») reagiert – und anschließend durch den Kunden eine volle Breitseite («Und zwar, weil: 1. ..., 2. ..., 3. ..., 4. ...») erhält, deren Minuspunkte er gar nicht mehr aufarbeiten kann, weil dafür in der Diskussion die Zeit fehlen würde. Nachgedacht statt nachgefragt hätte ihn von der Antwort befreien können, doch dann stand sie im Raum. Und da tat sie ihm weh.

Er hat hier die negativen Aspekte sauber psychologisch «geankert». Doch die sprechen gegen ihn. Macht nichts? Doch: D.G. – dumm gelaufen. Für sein Produkt, für ihn, für sein Unternehmen, für die Präsentation.

In meinem Buch «Provokative Rhetorik? Schlagfertigkeit!» (4. Aufl.) hatte ich ausgeführt, daß der Psychiater Aron R. Bodenheimer diese Schattenseite des Fragens als «Obszönität» bezeichnet, «... und zwar deshalb, weil eine Erfahrung von dreißig Jahren gemeinsamen Redens und Schweigens mir gezeigt hat, daß ich besser helfen konnte, seit ich zu fragen aufgehört und zu sagen begonnen habe». Das Fazit lautet: «Wer aussagt, der führt!» Dies ist die *Kehrseite der Fragetechnik* und nur in der Ambivalenz von Fragen und Antworten liegt der richtige Ansatz.

Doch auch diese Kernaussage von Bodenheimer und unsere resultierende Ambivalenz des Wechselspiels von Fragen und Aussagen ist nur mittels der Frage «in welcher Situation?» sauber zu justieren.

Also: Nie wieder fragen? Doch, aber es darf keineswegs dazu führen, an der falschen Stelle mit der falschen Frage zu operieren. Bei Unterstellungen oder auch bei Abfragen ist eine (Gegen-)Frage für den weiteren Gesprächsverlauf kontraproduktiv. Fragen vertiefen den kritischen Punkt des Gesprächs, ohne es zu entzerren. Wir sammeln zusätzliche Minuspunkte in einem Gespräch, welches die negative Richtung bereits anvisiert.

Diese beiden Beispiele zeigen prägnant auf, daß der Frager das Allgemeine spezifizieren will. Nichts dagegen einzuwenden – doch leider führt der Frager in beiden Fällen den Gesprächspartner in eine Offensive und positioniert sich schlecht. Er zeitigt reaktives Verhalten, sprich Verteidigung oder Rechtfertigung seinerseits. Und gerade dies gilt es doch in Drucksituationen zu vermeiden. Sie sehen, Stress macht man sich heute häufig selber.

Fazit
Es gibt also dumme Fragen. Und nicht immer führt, wer fragt.

Fragezeichen an der Fragetechnik sind Zeichen der kommunikativen Intelligenz. Sie fragen sich nun: Wann also soll ich fragen?

Natürlich nicht nur dann, wenn Sie die Antwort bereits kennen, also bei der Suggestivfrage, denn diese gestaltet sich ansonsten als probates Mittel sehr schnell zu einer Abfrage.

Sie fragen richtig, wenn Sie blitzschnell die möglichen Antwortfacetten einkalkuliert haben, wenn Sie vorausahnen können, wohin mittels der Fragetechnik das Gespräch driften wird.

Ihre Ausgangslage, Ihre Position im Gespräch muß sich nachhaltig bessern. Das verstehen wir unter der Aussage des Apachen-Sprichwortes. Sie darf sich unter keinen Umständen verschlechtern – *Fragezeichen sind und bleiben Zeichen Ihrer kommunikativen Intelligenz.*

Vom Grundsatz gilt: Wer weiß, daß seine Gegenfrage die Minuspunkte im Gespräch – Vorwürfe, Rechtfertigungen und Vorurteile – zementiert, die Kritik an Thesen oder Behauptungen, Fakten oder Daten mit hoher Wahrscheinlichkeit verschärft, meidet deshalb aus Kompetenz- und Selbsterhaltungsgründen diese Schattenseite und positioniert sich statt dessen wohlüberlegt mit einer Aussage im Gespräch.

Doch auch dies will gelernt sein. Es gibt richtige Fragen, die richtig gestellt werden, und richtige Aussagen, die richtig gesagt werden. Dazu gehören als Kehrseite der Fragemedaille bewertende Aussagen. Also Aussagen, die mit einem persönlichen Werturteil verknüpft sind.

Im Fall unseres Beraterbeispiels könnte die Aussage suggestiv lauten: «Schön, dann sind alle Fragen ausgiebig geklärt, hier müssen Sie Ihre Unterschrift leisten!» Oder im Fall unseres Profis beispielsweise: «(Lachend/☺): «Nein, das erscheint Ihnen vielleicht auf den ersten Blick so, aber ...» (bewertende Aussage, die das Thema positiv aufgreift und vertieft).

Fazit

Fragen sind keineswegs Patentrezepte, auch wenn sie einen wertvollen Beitrag in der Kommunikation leisten.

Die richtigen Fragen, richtig gestellt, sind und bleiben geeignete Techniken und ein hervorragendes Instrumentarium der aktiven Gesprächsführung. Weiterführen im dialektischen Sinn tun sie nur dort, wo sie informationsbedingte Wissensdefizite auf der reinen Sachebene ausgleichen, kaum hilfreich erweist sich dieses Führungsinstrumentarium, um in einer schwierigen und konfliktären Situation oder bei einer wichtigen Verhandlung Gesprächsdruck abzuwenden, fatal sind sie, wo der Gesprächspartner vorgeführt wird und Sie selber Ihr Wissen ausspielen.

Mein Seminarbeispiel: «Wie hieß der letzte Ureinwohner Tasmaniens?» «Wann ist er gestorben?» «Wo liegt Tasmanien?» «Wie groß ist Australien flächenmäßig?»

Dies ist eine reine Abfrage, die natürlich direkt Widerstand provoziert und Druck beim Antwortenden aufbaut. Es sei denn, er kennt die Antwort, aber das ist bislang noch nicht passiert.

Ihre Übung:

Bewerten Sie einmal konsequent einen Tag lang alle Ihnen oder von Ihnen gestellten Fragen. Welche davon bringen Sie wirklich wann weiter? Welche erweisen sich als lange Fragen, welche als kurze im oben beschriebenen Sinn. Welcher Art sind die Fragen? Was ist Ihr Ziel gewesen, und was haben Sie erreicht?

Und hier noch ein ganz heißer Literatur-Tip zur Fragetechnik aus dem Reclam-Verlag, den ich einem Seminarteilnehmer, Herrn Markus Knill aus der Schweiz, verdanke:

Aron R. Bodenheimer: «Warum? Von der Obszönität des Fragens», Reclam 4. Aufl. 1995.

In den unterschiedlichen Seminaren zu Kommunikation, Verkauf, Führung oder Projektmanagement, Workshops oder im Fernsehtraining hat sich gezeigt, daß die Teilnehmer instinktiv aus dem Bauch ihre Fragen steuern, aber kaum wissen, wann welche Frage weiterhilft.

Profi-Tips zur Fragetechnik:

- Sie wollen eine Eingrenzung in der Antwortmöglichkeit erreichen? Dann stellen Sie die Alternativfrage: «Möchten Sie Tee oder Kaffee?» Somit ist formal durch die Frage die Wahlmöglichkeit restriktiv.
- Sie wollen das Gespräch von der Sachebene auf die Beziehungsebene heben, also emotionalisieren? Dann stellen Sie eine psychologisierende Frage: «Wie haben Sie das erlebt?» Als Derivat der Informationsfrage/W-Frage sprechen Sie damit gezielt Gefühle an, beziehen die Befindlichkeit des Gegenübers ein.
- Sie wollen ein Gespräch enger fassen und eventuell eine Klärung herbeiführen oder Gesprächsdruck aufbauen? Dann bietet sich die Definitionsfrage an: «Was verstehen Sie genau unter Projektmanagement?» Dadurch klären Sie den Horizont in einer unterschiedlich gesehenen Thematik. Doch Vorsicht: Die Frage erzeugt extremen Druck, falls Sie eine Kategorie vorgeben und dann eine Abfrage gestalten: «Projektmanagement ist ja nach DIN 9000 festgeschrieben. Wie definieren Sie es?» Der Gesprächspartner wird in fast allen Fällen eine Erklärung, aber keine Definition liefern.
- Kennen Sie den Unterschied zwischen einer Interpretations- und einer Verständnisfrage? Die Interpretationsfrage ist eine geschlossene Frage: «Das heißt also, wir machen den Vertrag?» Antwortmöglichkeiten: ja/nein. Die Verständnisfrage gibt den Ball an das Gegenüber ab: «Was heißt das in bezug auf unseren Vertrag?» Also je nach Frageart öffnen Sie das Gespräch oder engen es ein bzw. ziehen den Dialog an sich oder geben die Führung an den anderen ab.
- Gesprächsdruck forcieren Sie mittels einer Plattformfrage. Dabei plazieren Sie anfangs eine Aussage, erst dann kommt die Frage: «Kommunikation ist ja nicht Ihr Thema. Kochen Sie gerne?» Der Antwortende wird zu 99% auf die Frage eingehen, somit steht aber die Unterstellung im Raum. Die Unterstellung kicken Sie als

Antwortender nur, wenn Sie zuerst auf die Unterstellung eingehen, diese als «falsch» bewerten und dann – wenn noch gewünscht – auf die Frage antworten. Doch dieses ist nur eine typische Frage mit negativer Intention, Sie haben natürlich genau so die Möglichkeit, eine positive Aussage zu lancieren. Hier noch ein weiteres *Beispiel*, welches gerade in provokativen Interviews immer wieder zu hören ist, wenn der interviewende Journalist (mit unfairer Intention) den Gesprächspartner fragt: «Sie hatten ja damals keine andere Wahl, als Minister zu werden, nachdem Sie als Unternehmer versagt hatten – übrigens: Was verdienen Sie denn als Umweltminister?» Dieses einfache Frage-Antwort-Muster ist durchschaubar, doch wer auf die Frage einsteigt, läßt die Unterstellung zu. Sie beim nächsten Mal sicherlich nicht mehr!

- Prüfen Sie deshalb in kritischen Gesprächssituationen, ob Ihr Dialogpartner in seinen Fragen Unterstellungen, Unwahrheiten oder Beleidigungen «unterbringt». Tut er dies, so entkräften Sie grundsätzlich zuerst die Aussage ... und schauen dann, ob von der Frage dann noch etwas als zu beantworten erscheint.
- Wie gehen Sie denn mit Blockaden bei einem Gesprächspartner um? Was tun Sie, wenn Sie mit dem Gegenüber ein Thema diskutieren wollen, wo er den *Dialog verweigert*? Sie heben diese Blockade durch eine Szenariofrage auf, indem Sie die Schwelle der Blockade übergehen.

Ein *Beispiel*: Als überzeugter Mercedes-Fan disputieren Sie mit einem BMW-Fahrer, der nun vehement zementiert: «Mercedes? Ich niemals!» Jede Frage nach «Warum?» führt zu einer negativen Verankerung, Ihr Partner steigert sich in seine Abneigung hinein, führt massenhaft Negativgründe an. Hier also überschreiten Sie die Schwelle («Mercedes?») mit einem Szenario: «Stellen Sie sich vor, Sie fahren Mercedes, wäre es die A-Klasse oder doch die gehobene E-Klasse?» – Sie haben noch die Möglichkeit, durch Gestik (A-Klasse: drehen mit der Hand-Elchtest-Assoziation oder E-Klasse: runde Bewegungen – Scheinwerfer) ihn in die Alternative bildhaft hineinzuversetzen. Zumal, aber das haben Sie si-

cherlich bemerkt, bei der E-Klasse eine zusätzliche *Bewertung* eingeflochten war: «gehobene».
Ähnlich könnte auch ein Szenario lauten, wo Sie einen Mitarbeiter zum Berater Ihres Unternehmens nominieren: «Stellen Sie sich vor, Sie wären bei Bain & Company, was würden Sie besser machen in bezug auf die Verwaltung?» Diese Fragen sind klassische Ausgangsfragen in der Moderation oder bei firmeninternen Workshops.

- Denken Sie also daran: Es gibt keine dummen Fragen, es sei denn, man stellt sie.

Eine Partner- oder Gruppenübung

Ihre Gruppe teilt sich in Kleingruppen auf. Sie können dasselbe auch mit einem Partner machen.
Vorher haben Sie die Vor- bzw. Nachteile von Fragen diskutiert, die unterschiedlichen Fragetechniken auf entsprechend viele Flipcharts aufgeschrieben und diese eventuell mit einer Plus/Minus-Liste bewertet.
Sie haben nun die Aufgabe, jeweils etwa 10 Minuten ein Gespräch über ein vorgegebenes Thema zu führen und jeweils rotierend die Fragetechniken einzusetzen. Bitte unterbrechen Sie sich sofort, wenn Ihr Gesprächspartner die Tragweite oder Unterstellung in einer Frage nicht erkannt hat oder eine einfache, weiterbringende Frage hätte stellen können. Natürlich ist es ein subjektiver Eindruck, aber hier geht es um die Reflexion angewendeter Fragetechnik.
Beispiel:
Teilnehmer 1 (Alternativfrage):
«Wie sind Sie angereist, Herr Meier, mit dem Zug oder dem Auto?»
Teilnehmer 2 (Antwort und anhängige Plattformfrage):
«Mit dem Auto. Da Sie aber aus Prinzip keines besitzen, stellt sich die Frage, ob sich jemand gefunden hat, der Sie mitgenommen hat. Oder sind Sie wieder per Taxi hier?»
Teilnehmer 3 zerpflückt die Plattform und hängt die nächste Frage dran.

Diese Übung zeigt sehr gut auf, daß die Teilnehmer häufig zwar die Fragetechniken kennen, allerdings kaum in der Lage sind, spontan Tragweite und Grenzen ihrer verwendeten Frage zu erkennen.
Der didaktische Impetus? Er zeigt deutlich, daß Unklarheiten in den Fragetechniken behoben werden können.

Falls Sie Lust auf mehr Fragetechnik haben, so bietet Ihnen die volle Bandbreite, das ganze Kaleidoskop von Fragen das Buch «Provokative Rhetorik? Schlagfertigkeit!», 4. Aufl., S. 165 ff.

Regel 5

Ich schau Dir in die Augen, Kleines.

H. Bogart, Casablanca

Kontrollieren Sie Ihren Gesprächspartner mit Blickkontakt.

Rolf H. Ruhleder

Blickkontakt ist das A und O erfolgreicher Kommunikation. Mit Blickkontakt signalisieren Sie Aufrichtigkeit und Standvermögen in kritischen Situationen.

Aber: Dieser Blickkontakt muß *wohldosiert* sein, ansonsten wird es ein «blickkontaktueller» Machtkampf, den Sie mit diesem *Dominanzgebaren* heraufbeschwören. Das erzeugt in einem Gespräch eine unangenehme Atmosphäre. Wenn Sie Blickkontakt komplett vermeiden, signalisiert dies *Unsicherheit.*

Eine Situation allerdings sollten Sie niemals mit zu langem Blickkontakt begegnen. Sie erfahren in einer Gesprächsrunde einen verbalen Angriff. Steigen Sie darauf ein, nehmen Sie Blickkontakt auf, geben Sie eine Antwort, aber geben Sie dann den visuellen Kontakt auf, es wäre nämlich sonst ein *unausgesprochener Fehdehandschuh*: «Na, hast Du noch etwas auf Lager?»

Fazit
Blickkontakt muß wohlüberlegt eingesetzt werden.

Profi-Tips für den Blickkontakt:

- Wohldosierter Blickkontakt signalisiert Standing. Ein übertriebener, starrer Blickkontakt ist ein visueller Fehdehandschuh.
- In kritischen Situationen, bei denen Sie eine schlagfertige Antwort gegeben haben, brechen Sie bitte den visuellen Kontakt sofort ab und lenken ihn, am besten mit direkter Ansprache, auf einen anderen Teilnehmer des Gespräches.

Regel 6

Laß verbalen Unrat vorbeischwimmen.

Dogma von Käser-Training

Ein wichtige Regel, die Ihnen in Verhandlungen aber auch in Alltagsgesprächen das Leben erleichtert. Dumme Sprüche doch *etwas intelligenter* kontern? Nein, denn wenn schon, sehr intelligent. Aber es muß nicht sein, wie diese goldene Regel uns verkündet.

Ich entscheide, worauf ich einsteige, welche Schlagfertigkeit ich einsetze, oder ob ich denke: «Ich hätte ja – mein Lieber – Glück gehabt.» Wenn Sie diese Lehre beherzigen, so können Sie ohne *schlagfertige Antworten geben zu müssen*, auskommen.

Keine passende Antwort, kein cleverer Konter? Macht nichts, vorbeischwimmen lassen. Ein Schlag unter die Gürtellinie – tut zwar weh, aber den stecken Profis weg. Und weinen kann man oder frau zuhause.

Schluß damit! Natürlich entscheide ich, wann mich ein Vorwurf trifft, wann dieser abprallt oder wann meine Ohren auf Durchzug stehen. Doch häufig ist da ein Dritter anwesend oder gar ein größeres Publikum. Unrat vorbeischwimmen lassen?

Nein, denn damit zeigen Sie auf, daß Sie nicht damit umgehen können, keine sachliche oder emotionale Entgegnung parat haben …

und Ihr professionelles *Poker-Face* wird sehr schnell durchschaut. Und in den meisten Fällen stutzen die Adressaten solchen Unrats nur einen winzigen Moment, verharren in Ihrer Bewegung, nehmen irritiert Blickkontakt auf oder erstarren und schauen demonstrativ in eine andere Richtung. Oder stutzen, zögern in den Aussagen, stolpern, schieben ein «ähhh» ein.

Wer in diesen Momenten Unrat vorbeischwimmen läßt, der tut sich und seiner *Kompetenz* keinen Gefallen.

Fazit

Nur wirkliche Peinlichkeiten kann man locker und souverän im Raum stehen lassen, durch Gelächter begleitete oder persönliche Angriffe unter die Gürtellinie sollten konsequent ausgeräumt werden.

Verbalmüll ist nicht mit Unkraut zu verwechseln, welches, so ein altes Zitat, wiederkommt, nachdem es mit der Wurzel ausgerissen wurde.

Profi-Tips für «verbalen Unrat»:

- In Zeiten besonderer ökologischer Verantwortung muß auch Verbalmüll sauber entsorgt werden! K.B.
- Sobald Sie persönlich auch nur den Hauch einer Irritation durch Verbalmüll empfinden, entsorgen Sie diesen bitte direkt. Er wird ansonsten einen bitteren Beigeschmack bei Ihrem persönlichen Eindruck auf Ihr Auditorium hinterlassen und auch bei Ihnen selbst.
- Von mir begleitete Podiumsdiskussionen und Talkshows haben deutlich gezeigt: Wer Verbalmüll vorbeischwimmen läßt, läßt das *Gesprächsklima* immer «mülliger» werden. Konsequente Entsorgung solchen Mülls gerade am Anfang bedeutet als Signal an den anderen: «Stopp – nicht mit mir!»

Wissen Sie, was ein geistreicher Mensch ist?
Ein Mensch, der viele Pointen kennt, dabei aber vergessen hat, von wem diese jeweils stammen.
Anonymus

Regel 7

Jeder hat den Gesprächspartner oder das Auditorium, welches er verdient.

Schauen wir uns einmal die ganzen Gentechnologie-Foren an, so hat diese goldene Regel natürlich eine besondere Brisanz. Da prallen Gentechnik-Industrie und Umweltschützer häufig aufeinander, es werden im Kontext Felder abgefackelt und «Ökos» über den Zaun geworfen. Sie scheinen sich also gegenseitig zu verdienen.

Doch das ist nur der eine Teil der Wahrheit, spitzfindig gefragt: der richtige? Oder können wir die andere Hälfte nicht vertragen?

Nun hat aber nicht jeder Mensch, der nur einfach zu «nett», wohlerzogen und höflich ist, seinen persönlichen «advocatus diaboli» verdient, der ihm nun die negativen Seiten des Lebens aufzuzeigen hat. Aber er bekommt ihn im Gespräch doch des öfteren präsentiert. Was nun?

Hier hilft weder Jammern noch freundliches Appellieren, der andere möge doch nicht so zynisch, gemein und hinterhältig sein. Denn ein wichtiger Bestandteil unseres Lebens besteht im «Spiele spielen». Hier demonstrieren Verbalakrobaten ihre «Siegerdominanz» (R. Lay), schaffen in Gruppen informelle Hierarchie und sozialisieren sich, Gott sei Dank, denn niedrigere Lebensformen markieren ihre Reviere häufig mit substantielleren Fäkalien.

Eric Berne, *Spiele der Erwachsenen*, beschreibt Spiele (S. 57) so:

«... Es läßt sich auch beschreiben als eine periodisch wiederkehrende Folge sich häufig wiederholender Transaktionen, äußerlich scheinbar plausibel, dabei aber von verborgenen Motiven beherrscht; umgangssprachlich kann man es auch bezeichnen als eine Folge von Einzelaktionen, die mit einer Falle bzw. einem trügerischen Trick verbunden sind. Spiele unterscheiden sich von Verfahren, Ritualen und allen Arten von Zeitvertreib hauptsächlich durch zwei Merkmale:

1. Durch die Tatsache, daß sie von verdeckten Motiven beherrscht werden, und

2. durch ihren Nutzeffekt. Verfahren mögen erfolgbringend, Rituale wirkungsvoll und alle Arten von Zeitvertreib nutzbringend sein, aber ihrem Wesen nach sind sie alle offen und ehrlich; sie können mit einem Wettstreit verknüpft sein ...!»

Jonathan Swift bezeichnete Spiele in diesem Sinn «als Imitationen des Kampfes», aber: Sie gehören zu unserer Sozialisation.
Rupert Lay, der als Dialektikpapst über Jahrzehnte hinweg eine «solidarisch motivierte» Gesprächsführung vertrat, hat sich von dieser Ansicht langsam verabschiedet, was auch in seinen neueren Büchern klar zum Tragen kommt, da er immer wieder «Feinde» benennt.

Fazit

Nicht immer bekommen Sie den Gesprächspartner oder das Auditorium, das Sie wirklich aufgrund Ihrer Intention und Überzeugungskraft verdienen. «Das Auditorium» ist im Prinzip auch eine unerlaubte Gleichmacherei, denn die unterschiedlichen Zuhörer und Zuschauer oder Mitdiskutanten haben egoistische – im positiven Sinne des Wortes – Motive.

Profi-Tips für ein verbales «Theodizee-Problem»:

- Wenn Ihre Gesprächspartner Spiele spielen wollen, so müssen Sie zumindest lernen, damit umzugehen. Ihre kommunikative Intelligenz erfordert es, diese Spiele zu erkennen, sie nicht unbedingt mitspielen zu wollen, aber damit umgehen zu lernen.
- So mancher Gesprächspartner, der seine Spiele spielt, benötigt eine gewisse Erziehung. Er muß erfahren, daß er an den Falschen geraten ist. Hier ist es wichtig, von vornherein eine klare und orientierende Gesprächsatmosphäre aufzubauen, die die genannten Ansätze im Keim erstickt. Hier ist eine konsequente Linie gefragt, die Auswucherungen zur Kultur machen können: Schluß damit.

Wir werden alle als Original geboren, schade, wenn wir dann als billige Kopie sterben. Gehen Sie Ihren eigenen Weg, in Ihrem und im Interesse Ihrer Mitmenschen.

Weitere Denkanstöße zu Ihrer Kommunikation

Beziehen Sie nachdrücklich Position

Sie kennen die alten Western-Klassiker. Dort haben die Siedler häufig *Wagenburgen* gebildet, die dann von den feindlichen Indianern gestürmt wurden. Was war einfacher, die Wagenburg zu verteidigen oder auf einem Pferde sitzend anzugreifen?

Beziehen Sie also eindrücklich und nachdrücklich Stellung, diese können Sie leichter halten als die Stellung des Gegenübers, sprich: seine Argumentation zerpflücken.

Durchbrechen Sie Frage-Antwort-Muster

Nicht immer führt der Fragende, allerdings nötigen Fragen sehr schnell zur Rechtfertigung. Und wer sich rechtfertigt, der ist sehr fix auf der Verliererstraße. Hinterfragen Sie Fragen kritisch, entkräften Sie Fragen und bewerten Sie Fragen.

Lassen Sie sich nicht positionieren

Als ich einmal einen Vorstand für eine *Fernsehdiskussion* «Ich stelle mich» live bei Castorff vorbereitete, da stellte sich bei der Durchsicht von bisherigen Sendungen heraus, daß die Gäste immer bis zu einer markierten Stelle ins Studio laufen sollten, dann stellte Castorff aus der Distanz heraus seine ersten Fragen.

Dieses war ein deutliches Zeichen der Positionierung.

Castorff stotterte sogar unkonzentriert seine erste Frage, als der Vorstand über den ihm zugewiesenen «Haltepunkt» hinauslief und ihm die Hand schüttelte. Dieses war im «Programm» des Ablaufes nicht vorgesehen, aber «live ist life». Oder war es «life is live»?

Der Vorstand war übrigens in seinem Selbstbewußtsein gestärkt, er war *Mitspieler, nicht Spielball.*

Wer übrigens glaubt, es sei ein probates Mittel bei harten Moderatoren oder schwierigen Gesprächspartnern, das Feld zu räumen, der begeht einen schwerwiegenden Fehler. Eine alte Regel besagt, daß nur Verlierer den Platz räumen.

Zwei weitere, kontrastierende Beispiele dafür:

«Aktuelles Sportstudio».

Interviewgast Boris Becker.

Die Moderatorin stellt ihm zum wiederholten Male Fragen zu seinem Privatleben.

Becker, bereits sichtlich genervt, reagiert ungehalten und warnt vor weiteren Fragen zu diesem Thema. Die Moderatorin bestätigt ihm dieses ... und stellt prompt eine Frage zu Babsi.

Becker holt Luft und – schweigt.

Die Moderatorin, sichtlich irritiert, faßt nach, indem sie die Frage wiederholt. Boris schweigt.

Die Interviewerin stellt eine andere Frage, hektisch fast. Becker schweigt.

Die Fragen werden immer kürzer, geschlossen. Becker schweigt.

Dann kam eine Panikattacke der Moderatorin, Becker grinste ... Die Interviewerin brach in Tränen aus und verließ das Studio.

«Aktuelles Sportstudio».

Einige Jahr(zehnt)e vorher ...

Eine ähnliche Situation gab es bereits schon früher.

Da war der Interviewpartner der «Prinz von Homburg», ein bekannter Boxer. Auch er agierte nach dem gleichen Schema: auf Fragen keine Antworten.

Doch der Interviewer namens Gürtler blieb damals sitzen, fragte in Ruhe weiter und beendete anschließend das Gespräch sinngemäß mit den Sätzen: «Danke für dieses aufschlußreiche Interview. Eine gute Heimreise.»

Wer also schnitt besser ab? Der Gesprächspartner, der aufstand oder der, der sitzenblieb?

Souveräner Umgang mit dieser kritischen Situation demonstrierte auf jeden Fall der Interviewer vom «Prinz von Homburg».

Gibt es ein *Alternativverhalten*? Ja.

Sobald Sie feststellen, daß eine Technik, eine Methode oder ein Instrument Ihres Gesprächsführungsrepertoires nicht mehr wirkt, müssen Sie es verändern.

In den skizzierten Beispielen wäre es ein Einfaches gewesen, den Gesprächspartner mit suggestiven Aussagen und Unterstellungen unter Druck zu setzen, zu «knacken», wie wir im Journalismus zu sagen pflegen.

➜ «Herr Becker, ich verstehe, daß Ihnen das Thema unlieb ist, schließlich haben Sie ja schlechte Erfahrungen gemacht mit (Unterstellung) ...!»

➜ «Sie haben schließlich auch kaum etwas, was Sie auf diese Frage entgegnen können, schließlich (Unterstellung)...!»

Die beste Gesprächsführung hat derjenige, der in heiklen Situationen auf einer Klaviatur diverser Techniken zu spielen vermag.

Situative und präventive Schlagfertigkeit

Sprachlosigkeit entsteht immer dann, wenn Sie weder geeignete Methoden noch Instrumente besitzen, auf verbale Schläge professionell zu reagieren, wenn Sie anderseits die Situation falsch oder unzureichend einschätzen und letztlich sich Standards antrainiert oder angelesen haben, die gleichsam wie Patentrezepte klingen, es schließlich aber doch nicht sind.

Wirkliche Schlagfertigkeiten sind jene Aktionen, Repliken und Reaktionen, die so souverän und konsequent auf sachliche oder emotionale Angriffe erfolgen, daß das Gegenüber oder/und anwesende Zuhörer wünschen, sie wären in dieser Situation auch darauf gekommen.

Zunächst deshalb einmal die Abgrenzungen:

- Schlagfertigkeiten müssen *zeitgerecht* erfolgen. Sie dürfen einem also nicht erst auf dem Nachhauseweg einfallen oder gar am nächsten Tag oder mit einer geistigen Bremsspur versehen sein, die einen angemessenen Reaktionsrahmen – *maximal 5 Sekunden* – sprengt.
- Sie müssen bei Ihnen und Ihrem Publikum einen der Situation angemessenen und *angenehmen Nachgeschmack* hinterlassen, also schließen sich in den meisten Situationen verbale Holzhammer, spitzzüngige Beleidigungen als Rohrkrepierer und gruppendynamische Bumerangantworten aus. Denn es nützt Ihnen nichts, wenn Sie eine Standardantwort schlagfertig auf eine Bemerkung ansetzen, Sie danach allerdings das Publikum und weiterhin Ihr Gegenüber gegen sich aufgebracht haben. In solchen Fällen haben Sie verbale Tretminen gezündet, auf denen Sie letztlich nur ein Opfer sehen: sich selbst. Deshalb der angenehme Nachge-

schmack: Sie haben eine Antwort gegeben, ein Reaktionsmuster gestaltet, mit dem Sie in der Nachbetrachtung zufrieden sind und von dem Sie überzeugt sagen können: «Es war o.k., ich war ok.»

- Schlagfertigkeiten können gezielte Florettstiche in Form vorsichtiger Denkanstöße sein, aber kein Freudenfeuerwerk verbaler Beleidigungen und niemals Steinigungsstätte oder Scheiterhaufen für Gegner.
- Professionelle Schlagfertigkeiten müssen die *unangenehme Situation beenden* und nicht erst einen Schlagabtausch inszenieren.
- Schlagfertigkeiten können *zur Faust geballte Geistesblitze* sein, die dann allerdings auch einmal in der Tasche verschwinden, ohne immer ausgesprochen zu werden. Die deshalb auch Sie im Licht stehen lassen und nicht ins Dunkle herabstoßen.
- Hervorragende Schlagfertigkeiten müssen Denkanstöße für das Gegenüber transportieren, die Situation und Befindlichkeiten transparent machen und beim Gegenüber haften.
- Schlagfertigkeiten sind *hellwache* verbale, nonverbale oder paraverbale *Äußerungen*, die eine angemessene Kritik am Verhalten des anderen deutlich machen und ihn wieder zu einem sachorientierten Gespräch einladen.
- Schlagfertigkeiten müssen sich *zwangsläufig an der Aussage*, auf die Sie reagieren wollen, *orientieren* und dürfen *keineswegs kontextloser Verbalmüll* sein.
- Schlagfertigkeiten müssen einen dialogischen Gesprächsknoten auflösen, ohne das Gespräch zu einem Wollknäuel von emotionalen Verwicklungen werden zu lassen.
- Und letztlich müssen Schlagfertigkeiten Ihr eigenes Standing, Souveränität im Umgang mit Gesprächspartner und zugleich kommunikative Intelligenz reflektieren.

Ein hoher Anspruch, doch zugleich der Zuspruch an Sie, letztlich erst das Gehirn einzuschalten und nicht einen dummen Spruch auf Kosten anderer zu produzieren.

Schlagfertigkeiten sind Produkte eines hellen Kopfes – und nicht eines schnellen Kehlkopfes.

Bitte beachten Sie aber:

Zu jeder schlagfertigen Antwort, die das Wortgefecht beenden soll, gehört der aufzugebende Blickkontakt:

Wer eine unpassende oder auch passende Replik auf einen Verbalstreich setzt oder in einer Projektsitzung, Podiumsdiskussion, im Face-to-face-Gespräch, einer Talk-Runde oder einer Konferenz eine gute, schlagkräftige Antwort versetzt, der kann häufig nicht anders, als dann doch seine Reaktion «wirken zu lassen».

Sie oder er möchte den verbalen Paukenschlag bei seinem Gegner auskosten, es geniessen, die Irritation und die Verblüffung zu erleben.

Doch dann, o Wunder, erholt sich der Dialogpartner und setzt verbal nach.

Beim sich nun entwickelnden Duell der Worte, dem verbalen Zweikampf, haben Sie rein statistisch eine «50:50-Chance», am längeren Hebel zu sitzen.

Warum aber, so fragen Sie sich, ist mein Gegenüber wieder eingestiegen?

Es lag an der Kontrolle mittels Blickkontakt, denn Sie fragten nonverbal an:

«Und nun? Ich kann mir nicht vorstellen, daß Sie dem noch etwas entgegenzusetzen haben, oder?!»

Ein Detail, aber eine entscheidende Angewohnheit, die wir alle fast ausnahmslos nur unter äußerster Konzentration abstreifen können.

Grundsätzlich gilt:

Laden Sie nicht durch längeren Blickkontakt zum Wiedereinstieg in das Rede-Duell ein!

Nachfolgend sind für Sie die professionellen Möglichkeiten der Schlagfertigkeit zusammengestellt.

Grundlagenkriterien dafür sind:

- Methode – Technik – Instrument
- Ansatz und Wirkweise
- Reflexion der methodischen sowie didaktischen Vorteile und Nachteile
- situationsbezogene Differenzierungen und Tips
- Checkliste zum Überblick

Methode – Technik – Instrument

In diesen Abschnitten beschreiben wir ausführlich die Methode, die Technik oder das Instrumentarium von Schlagfertigkeiten, leuchten den Hintergrund ihres jeweiligen Ansatzes aus und zeigen Varianten auf.

Ansatz und Wirkweise

Diese Abschnitte informieren Sie über den Ausgangspunkt im Gespräch oder situative Ansätze sowie über die Wirkungsmöglichkeiten auf Ihr Gegenüber und eventuell anwesende Dritte.

Reflexion der methodischen sowie didaktischen Vorteile und Nachteile

Diese Abschnitte unterstreichen die Vorteile und Nachteile der jeweiligen Methode, Technik oder Instrumente und informieren Sie über beabsichtigte oder unerwünschte Nachwirkungen oder «verbale Gegenanzeigen» des ausgewählten Mittels.

Situationsbezogene Differenzierungen und Tips

Diese Abschnitte erläutern Ihnen notwendige Differenzierungen, die aus der Situation im Zweiergespräch, einer kleinen Gruppe oder eines öffentlichen Forums (beispielsweise Vortrag, Podiumsdiskussion) erwachsen, und geben Ihnen spezifische Tips für die besondere Situation.

Checkliste zum Überblick

Abschließend erhalten Sie zur Methode, Technik und dem Instrument einen komprimierten Überblick, der als bewertendes Raster dient.

Die Checkliste zeigt schlagwortartig auf:

Methode – Technik – Instrument	Name? Bezeichnung?
Ansatz	Wie funktioniert es?
Wirkung	Wie wirkt es, was passiert?
Nebenwirkung/Warnung	Was könnte resultieren?
Reaktionszeit	Direkte Verfügbarkeit?
Bewertende Differenzierung:	
– Zweiergespräch	Geignet?
– Kleingruppe	Geeignet?
– öffentliches Forum	Geeignet?
Ergebnis	Beenden Sie damit den Schlagabtausch?
Fazit	Bewertung durch Abschlußstatement!

Drei Zeilen für Ihre persönlichen Bemerkungen:

____

____

____

1. Strategisch-präventive Schlagfertigkeit: Ausweichen auf die Meta-Ebene

Methode – Technik – Instrument: Meta-Ebene

Als Meta-Ebene bezeichnen wir in der Kommunikation das Aussteigen aus der jeweiligen Gesprächsebene durch ein gezieltes Herabschauen auf das, was in der Situation gerade passiert, wohin das Gespräch abgleitet oder welche Konsequenzen aus dieser Art der Kommunikation erwachsen. Gleichsam eine Betrachtung und Bewertung von einer höheren Warte.

Ansatz und Wirkweise

Sie kennen die Situation, in einem Stau zu stehen. Vorne Autos, hinten Autos, rechts und links. Im Radio kommt natürlich noch keine Durchsage, Sie wisssen nicht, was los ist. Selbstredend könnten Sie sich nun wie andere Beteiligte auch aus dem Wagen bewegen, sich auf das Trittbrett eines Lasters stellen und schauen, ob Sie den Grund dieses Staus erkennen.

Umfassende Information allerdings erfährt der *Pilot des ADAC-Hubschraubers*, der vom Stauende zum Hindernis fliegen kann und sich dort einen Überblick verschafft.

Analog zu diesem nun können Sie ebenfalls aus der für Sie unangenehmen Gesprächssituation aussteigen oder sich, statt mit einer passenden Antwort zu reagieren, aktiv auf eine andere Gesprächsebene bewegen.

Der Begriff Meta-Ebene leuchtet bereits den Ansatz aus. Es geht darum, sich bewertend auf eine *höhere Ebene als der Gesprächspartner* zu begeben.

«Meta» kommt aus dem Griechischen und bedeutet soviel wie «darüber, oberhalb, höher».

Es geht also darum, sich vom Niveau des Gesprächspartners zu distanzieren.

Beispiele:
Sie betreten verspätet eine Gesprächsrunde, in der einer der Teilnehmer Sie begrüßt: «Na, haben Sie sich auch endlich herbemüht?!»

a) Ihre Antwort: «Warum dieser spöttische Ton? Ich hatte die Verspätung angekündigt; übrigens (Blickkontaktwechsel zu einem anderen Teilnehmer), der Vertrag mit Herrn Schmidt ist unter Dach und Fach.»
   In diesem Fall sprechen Sie Ihre Störung an und ziehen das Thema direkt auf die Sachebene zurück. Die Gefahr besteht allerdings darin, daß Ihre Erklärung sich wie eine Rechtfertigung anhört.

b) Eine Alternative: «Es wäre für den weiteren Verlauf einer effizienten Sitzung notwendig, daß wir heute einmal den Spott außen vor lassen – wir haben wichtigere Themen. Es hat sich übrigens bei Kunde Müller was getan ...»
   In dieser Replik gehen Sie nicht direkt auf die Rückmeldung ein, sondern appellieren an die Teilnehmer, gemeinsam zum Sitzungserfolg beizutragen. Außerdem wechseln Sie gekonnt auf einen sachlichen Punkt, der Spott verliert sich im Nichts.

Ein klassisches Beispiel für den erfolgreichen Einsatz der Meta-Ebene lieferte eine Coaching-Partnerin, die während Sitzungen in einem Versicherungsunternehmen permanent von einem gleichgestellten Kollegen mit blöden Sprüchen über Emanzen und Frauen traktiert wurde.

Als dann eines Tages wieder eine Spott-Tirade auf sie hereinprasselte, sprach sie mit einer freundlichen und netten Stimme den Kollegen direkt an:

> «Herr Soundso, Sie haben jetzt ihren Spaß gehabt, die Witze waren nicht neu und haben uns auch nicht weitergebracht. Bitte kommen wir doch nun zum eigentlichen Thema. Ich hatte eben davon gesprochen ...»

Diese sehr direkte Ansprache auf der Meta-Ebene hatte den Erfolg, daß der Kollege nicht nur in der Sitzung sein Verhalten grundsätzlich änderte.

Reflexion der methodischen sowie didaktischen Vorteile und Nachteile

Das Ausweichen auf die Meta-Ebene hat einen klaren methodischen und didaktischen Vorteil: Sie zeigt das zu verändernde Verhalten auf, steigt aus dem Spiel aus und hinterfragt sogar das Verhalten.

Als Nachteil läßt sich nur eines ausmachen: Sie können sich nicht als jemand profilieren, der spitzfindig alles und jedes kontert.

Situationsbezogene Differenzierungen und Tips

Im allen Gesprächen und öffentlichen Dialogen bietet es sich an, grundsätzlich die Meta-Ebene zu benutzen, um einen verbalen Wettkampf zu vermeiden. Der Ausstieg aus der spielerischen Ebene wird zum Einstieg in die Sachlichkeit.

Im Normalfall empfiehlt es sich, das unerwünschte Spiel, beispielsweise den Spott, aufzudecken, dann an die Sachlichkeit zu appellieren und schließlich selber mit einem wichtigen Satz weiterzureden und das Gespräch zu übernehmen.

Anderseits: Mit der Meta-Ebene sprengen Sie (fast) jeden Versuch, Sie zu einem verbalen Schlagabtausch zu motivieren. Ein Patentrezept? Jein, denn es ist eine strategische Schlagfertigkeit, Sie steigen ja aus dem Spiel aus, statt sich auf einen Profilierungsversuch einzulassen.

Wenn Sie also einmal nicht mit einem schlauen Spruch oder einem subtilen Konter reagieren wollen, dann gibt es eine Kurzversion der Meta-Ebene:

Fragen Sie: «Was soll das?»

Diese Frage irritiert in den meisten Fällen so sehr, daß der Angesprochene damit beginnt, sich zu rechtfertigen. Und Rechtfertigung führt ins Aus.

«Was soll das?» erzwingt Rechtfertigung.

Besonders im Zweiergespräch bietet es sich an, mit einer Frage an den anderen anzuschließen, wenn Sie das Thema, welches Sie ärgerlich macht, weiterhin vertiefen wollen und es ein für allemal ausräumen wollen.

«Frau Meise, Sie haben das Gehirn eines Spatzen!»
➜ «Entschuldigung, aber was soll das? Was bezwecken Sie mit solchen verbalen Entgleisungen?»
➜ «Stimmt auffällig, aber damit ist es deutlich größer als Ihres!»

Die zweite Entgegnung wäre schlagfertig, aber dumm. Denn was bleibt stehen? Daß Sie ein Spatzengehirn haben. Und das ist schlecht, zumal Sie es noch durch die Antwort verstärken!

Bitte beachten Sie:

> Niemals Negativ-Aussagen wiederholen und verstärken, damit «ankern» Sie diese beim Zuhörer!

Für das Ausweichen auf die Meta-Ebene empfiehlt sich folgendes Reaktionsmuster:

> Störung → Störung ansprechen und aufdecken, bewerten, Sachebene thematisieren.

Diese Methode eignet sich gerade auch im *Umgang mit hierarchisch höherstehenden Personen,* denen wir einfach keine lockeren Sprüche an den Kopf werfen sollten.

Wer Tips wie diesen,

«Stellen Sie sich vor, Sie sind bei einer mündlichen Prüfung und sagen zum Professor: ‹Würden Sie jetzt bitte Ihre erste Frage stellen?›» (Pöhm, S.111),

befolgt, der setzt seinen hierarchisch höheren Gesprächspartner unter Druck, und dann sind Sie vielleicht zweimal schlagfertig: das erste und das letzte Mal.

Aber genau das verstehen wir unter kommunikativer Intelligenz:

Wissen, was Sie in welcher Situation mit welcher Intention sagen. Um dann zu berücksichtigen, wie die Folgen sein könnten.

Checkliste:
Ausweichen auf die Meta-Ebene

Methode – Technik – Instrument	Ausweichen auf Meta-Ebene
Ansatz	Aufdecken des Spiels
Wirkung	Animiert zum Aufhören mit Sprüchen
Nebenwirkung/Warnung	kann zur Rechtfertigung nötigen
Reaktion(s)/-zeit	direkt und einfach
Bewertende Differenzierung:	
– Zweiergespräch	sehr geeignet, Lösungsansatz für Konflikte
– Kleingruppe	sehr geeignet, beendet Spiele
– öffentliches Forum	sehr geeignet, führt zur Sache zurück
Ergebnis	deckt Spiele auf und führt zur Sache zurück
Fazit	fast ein Patentrezept

Drei Zeilen für Ihre persönlichen Bemerkungen:

____
____
____

2. Strategisch-präventive Schlagfertigkeit: die «4-W-Regel»/«3-T-Regel» der Konsequenz

Methode – Technik – Instrument

Eine liebgewonnene Gewohnheit besteht darin, mit schnellen Schlagfertigkeiten zu kontern und dann einen Punkt bei dem behandelten Thema zu setzen.

Beispiel: «Ich sehe das ganz anders, Herr Müller!»
→ «Ähnlich habe ich früher auch lange Zeit gedacht, doch ich habe in den letzten drei Jahren als Projektmanager dazulernen können!»

Das Muster ist dem nachempfunden, was wir von *Adenauer* kennen:

«Was schert mich mein Geschwätz von gestern?!»

Doch ist es konsequent? Und wie sehen die Folgen aus? Es *kann* schwerwiegende Folgen haben, da der behandelte und gerade thematisierte Gesprächsstoff noch in den Köpfen der anwesenden Dialogpartner nachwirken könnte – und zum Nachfassen, geradezu zum Aufnehmen des Gesagten, dem verbalen Wiedereinstieg, herausfordert.

Zielsetzung ist es daher, das Thema konsequent zu beenden und einen neuen Gesprächsverlauf zu gestalten.

Ich habe (K.B.) es in meinen Seminaren immer als 4-W-Regel: «wahrnehmen – watschen/abklatschen – wechseln – weitersprechen» tituliert, bis ein österreichischer Teilnehmer mir dazu sagte, es gäbe im Verkauf, nicht aber bezogen auf Schlagfertigkeit, sondern auf Argumentation, eine TTT-Technik, deren Ursprung ihm allerdings nicht bekannt sei.

Falls Sie den Urheber kennen, bitte ich um Nachricht unter Quellenhinweis.

Ansatz und Wirkweise

Das 3-T-Modell hört sich netter an, deshalb auch die Umstellung auf die englische Begrifflichkeit, aber es läuft auf das gleiche hinaus.

Und so funktioniert die 3-T-Regel:
«Touch – Turn – Talk!»

1. Schritt: Hinhören und dann:

2. Schritt: Steigen Sie auf das Gesagte ein – «touch»
3. Schritt: Wechseln Sie das Thema – «turn»
4. Schritt: Setzen Sie gezielt einen neuen Gesprächspunkt – «talk»

Nur mit dieser konsequenten Anwendung ist das (für Sie leidige?) Thema wirklich in 70 Prozent aller Fälle vom Diskussionstisch oder aus dem Saal verschwunden.

Anders kennen wir es von Politikern, die häufig einfach eine Gegenrede gestalten, ohne das «touch» zu berücksichtigen.

Hier also beispielbezogen die Replik:
➜ «So dachte ich früher lange Zeit auch, nur habe ich mich als Projektleiter mit dem Thema dann einmal wirklich intensiv drei Jahre beschäftigt. Ein weiterer, wichtiger Aspekt ist …!»

Reflexion der methodischen sowie didaktischen Vorteile und Nachteile

Vorteil: Solange ein Gesprächspunkt nicht aufgenommen und durch einen anderen ersetzt worden ist, steht er weiterhin im Raum.

Wer sich also ärgert, daß seine Gesprächspartner situativ immer wieder ein lästiges Thema aufnehmen, sollte seine Reaktion in Wortgefechten überprüfen.

Demonstrieren Sie verbale Konsequenz mit der 3-T-Regel.

Dabei gehen wir davon aus, daß es sich hier um den Versuch handelt, ein verbales Spielchen zu initiieren. Geht es um eine ernsthafte Sache und ein wichtiges Anliegen, dann sollten Sie selbstverständlich darauf einsteigen und eine klare Argumentation zur Widerlegung aufbauen.

Außerdem erhöhen Sie durch die konsequente Anwendung der Regel die Schwelle für den Wiedereinstieg des Gegenübers.

Erschweren Sie Ihrem lästigen Gesprächspartner den thematischen Wiedereinstieg in den Schlagabtausch!

Nachteil: Einen ernsthaften Gesprächspunkt bügeln Sie so über, was in Sachgesprächen keineswegs Ihre Zielsetzung sein dürfte. Und die Intention des Gegenübers stellt sich manchmal erst im nachhinein heraus.

Situationsbezogene Differenzierungen und Tips

Diese 4-W-Regel/3-T-Regel funktioniert in jeder Gesprächssituation, sollte aber nur auf dialektischen Wettkampffeldern angewendet werden, weil Sie jede Sachlichkeit torpediert.

Falls Sie diese anwenden, beachten Sie bitte, daß Sie damit eine Aussage des Gesprächspartners im Keim ersticken wollen und dazu auch gehört, in einer größeren Gesprächsrunde den Blickkontakt bei einem anderen Dialogpartner zu fokussieren.

Das Muster ist uns auch aus der Hunde-Erziehung («De-Programmierung») oder auch aus der Sekten- und Drogenberatung bekannt.

Es reicht nicht, einfach eine neue Konditionierung gegen eine alte zu setzen, sondern ich muß das Alte aufnehmen, dort anknüpfen und dann nach der Abarbeitung zum Neuen überleiten.

Checkliste:
4-W-Regel/3-T-Regel der Konsequenz

Methode – Technik – Instrument	dialektischer Vierer-/Dreierschritt
Ansatz	touch – turn – talk
Wirkung	ersetzt Gesprächspunkte thematisch durch neue
Nebenwirkung/Warnung	«Abbügeln» von sachlichen Themen möglich
Reaktionszeit	direkt einsetzbar, dockt an beim anderen
Bewertende Differenzierung:	
– Zweiergespräch	sehr gut geignet
– Kleingruppe	s.o.
– öffentliches Forum	hervorragend geeignet, um lästige Themen abzuschmettern
Ergebnis	beendet konsequent den Schlagabtausch
Fazit	sehr konsequente und souveräne Regel

Drei Zeilen für Ihre persönlichen Bemerkungen:

____

____

____

3. Situative Schlagfertigkeit: die Bumerang-Technik mittels Adressierung

Methode – Technik – Instrument

Ein mögliche situative Technik der Schlagfertigkeit ist die *Bumerang-Technik* mittels Adressierung.

Ein Bumerang kehrt bei Profis zum Werfer zurück. In diesem Fall trifft der Spott oder die böse Bemerkung denjenigen, der ein Opfer wollte. Der Täter wird zum Opfer.

Beispiel:
Vorwurf: «Weichei!»
➜ «Tut mir leid für Sie!»
➜ Nett: «Schön, Sie kennenzulernen, mein Name ist Bredemeier. Karsten Bredemeier.»

Ansatz und Wirkweise

Passiert Ihnen ein provokativer Zwischenruf oder eine Verbalattacke eines Gesprächspartners, so «knocken» Sie diese in mindestens 50 Prozent der Fälle einfach erfolgreich aus. Hier ist vor allem eines wichtig: *genau, richtig und analytisch zuhören können.*

Jeder Brief, der nur einen Absender hat, kommt an diesen wegen «Unzustellbarkeit» zurück. So auch bei unadressierten Bösheiten, dummen Sprüchen oder sonstigen Verbalattacken.

Glücklicherweise vergessen die auf Wortgefechte abzielenden Absender solcher Angriffe, die angesprochene Person wirklich zu benennen, ihrem Angriff einen Adressaten zu geben.

Da werfen sie nun mit einem dicken Grinsen über beide Backen eine schlagkräftige Aussage oder einen pfiffigen Spruch, eine Gemeinheit oder Unterstellung, gewürzt mit einer deftigen Prise Ironie in den Raum. Wie einen Ball, den man in den Himmel schießt.

Doch was tut der – noch nicht adressierte – Attackierte? Er fängt diesen Ball und bezieht den Angriff auf sich. Normal. Aber: Warum eigentlich?!

Was also einfacher, als dem Angriff einen direkten Adressaten beizufügen. Nämlich den Absender selbst. Damit haben Sie dann die Aussage als Bumerang zum Gesprächspartner retouniert.

Ein Beispiel:
«Na, mein Lieber, sooo schwer wird das wohl nicht zu verstehen sein!» (Ironisch zum Sprecher, langsam mit besonderer Betonung gesprochen.)
➜ «Glückwunsch, damit haben Sie ja die erste Stufe des Verständnisses schon erreicht!» (Direkt adressiert an den Zwischenrufer als Bumerang.)

Reflexion der methodischen sowie didaktischen Vorteile und Nachteile

Vorteil: Es ist ein einfaches, leicht anwendbar Muster, das auf genauem Zuhören fußt. Hinhören, adressieren, Ende.

Nachteile sind, daß hier natürlich zum weiteren Spiel aufgefordert wird und die Adressierung zum Nachladen des Gesprächspartners einlädt. Auch wenn es ein *Warnschuß* ist, es wirkt nach.

Und dass diese Technik nur anwendbar ist, wenn der Adressierte nicht direkt angesprochen wurde.

Situationsbezogene Differenzierungen und Tips

Falls Sie einmal auf so eine Bumerang-Technik hereinfallen, so läßt sich diese natürlich auch wiederum umkehren durch gezielte Differenzierung:

Sie erinnern sich an unser Beispiel:
«Na, mein Lieber, sooo schwer wird das wohl nicht zu verstehen sein!» (Ironisch zum Sprecher bei besonderer Betonung.)
➜ «Glückwunsch, damit haben Sie ja die erste Stufe des Verständnisses schon erreicht!» (Direkt adressiert an den Zwischenrufer als Bumerang.)

Möglich wäre nun:
➜ «Stimmt, darf ich Ihnen auch auf diese Stufe helfen?»
Vorsicht aber jetzt vor folgendem Konter:
➜ «Danke, nein, es wäre für mich ja ein Abstieg!»

Bitte beachten Sie: Professionelle Schlagfertigkeit besteht darin, den Sack zuzubinden! Sie bekommen nur selten eine zweite Chance.

Ansprache ist aber noch keine Adressierung. Die Technik funktioniert nicht, wenn der Angesproche selber noch adressiert wird.

Korrekt: «Na, mein Lieber, sooo schwer ist das *für Sie* doch gar nicht zu verstehen!»
Hier aber wäre es möglich, etwas frecher zu differenzieren:
➜ «Im Gegensatz zu Ihnen, nein!»

Checkliste: Bumerang-Technik

Methode – Technik – Instrument	Bumerang-Technik mittels Adressierung
Ansatz	hinhören, Adressaten anhängen
Wirkung	Täter wird sein eigenes Opfer
Nebenwirkung/Warnung	wirkt nach, eröffnet Spielchen
Reaktionszeit	direkte Reaktion möglich
Bewertende Differenzierung:	
– Zweiergespräch	sehr gut geeignet
– Kleingruppe	sehr gut geeignet
– öffentliches Forum	sehr gut geeignet
Ergebnis	kann zur Beendigung des Wortgefechtes führen,
Fazit	aber auch leicht zu kontern

Drei Zeilen für Ihre persönlichen Bemerkungen:

___

___

___

4. Situative Schlagfertigkeit: Leerlauf-Technik durch unerwartete Zustimmung

Methode – Technik – Instrument

Diese Technik lebt davon, daß der Gesprächspartner beabsichtigt, den Angesprochenen in eine Rechtfertigung zu drängen – der Adressat soll sich verteidigen.

Tatort Supermarkt:
Eine Dame steht zwischen zwei Regalwänden mit ihrem Einkaufswagen. Es ist Platz genug da, so daß andere Einkaufende sich bequem an ihr vorbeibewegen können.
Und trotzdem. Eine etwas fülligere Dame kommt mit ihrem Wagen an, bleibt demonstrativ stehen und raunzt:
«Ist das Ihr Geschäft, oder warum stehen Sie so demonstrativ im Weg?»
Normale Reaktion wäre jetzt:
«Entschuldigung, tut mir leid, ich dachte, es wäre genug Platz für andere!»
«Denken reicht nicht, nach-denken wäre angesagt!»
Und schon ärgert sich die Angesprochene, hat sich verteidigt und noch eine flapsige Bemerkung kassiert.
Was also tun?

Hier nun greift die *Leerlauf-Technik*, die mittels unerwarteter Zustimmung das Wortgefecht beendet.
Nochmal das Beispiel:
«Ist das Ihr Geschäft, oder warum stehen Sie so demonstrativ im Weg?»
➜ «Ja, es ist mein Geschäft!»

Ansatz und Wirkweise

Diese Technik fußt darauf, daß der Angesprochene sich nicht verteidigt, sich keineswegs rechtfertigt, sondern – auch wenn es im Beispiel nicht der Wahrheit entspricht – unerwartet die Frage bejaht.
Das Aktionsmuster sieht in diesen Fällen so aus:

Frage → Antwort
Vorwurf → Rechtfertigung

Nun gilt es, dieses Muster zu durchbrechen, indem Sie die Frage einfach bejahen und somit den Angriff ins Leere laufen lassen.

Ihr Reaktionsmuster aber funktioniert nun anders:

Frage → Antwort
Vorwurf → unerwartete Zustimmung

Reflexion der methodischen sowie didaktischen Vorteile und Nachteile

Diese Technik hat den *Vorteil*, daß Sie relativ einfach aus der Situation heraus, je nach Fragestellung, zustimmen oder negieren können, dabei aber auf eine Verteidigung oder Entschuldigung verzichten *wollen*.

Der *Nachteil* liegt auf der Hand. Sie eröffnen damit eventuell eine situative Spielwiese für ein weiteres Wortgefecht. Dieses läßt sich im dargestellten Fallbeispiel natürlich leicht verhindern, indem Sie retournieren, sich abwenden und den *Blickkontakt* sofort aufgeben.

Situationsbezogene Differenzierungen und Tips

Die «Leerlauf-Lechnik» baut darauf auf, daß Sie zu Unrecht angesprochen wurden und sich nicht genötigt sehen, nicht willens sind, sich zu entschuldigen.

Hier sagt also der Bauch: «Laß es *nicht* einfach stehen!»

Wiederum gilt es, situativ zu entscheiden, ob Ihnen jemand auf die Füße tritt – was nicht weiter schlimm ist – und ob Sie sich zu Unrecht auf die Füße getreten fühlen, was in den skizzierten Situationen schlimm wäre.

Checkliste:
Leerlauf-Technik mittels unerwarteter Zustimmung

Methode – Technik – Instrument	Angriff ins Leere laufen lassen durch unerwartete Zustimmung oder Negierung
Ansatz	statt Rechtfertigung dem Angriff die Luft nehmen
Wirkung	Irritation beim Aggressor
Nebenwirkung/Warnung	lädt zum verbalen «Nachladen» ein
Reaktionszeit	kurz, einfaches Muster
Bewertende Differenzierung:	
– Zweiergespräch	nicht konstruktiv für das weitere Gespräch
– Kleingruppe	schafft Polarisierung
– öffentliches Forum	signalisiert Schlagfertigkeit
Ergebnis	schafft Irritation und läßt Angriff ins «Aus» gehen
Fazit	situativ geeignet, aber wenig konstruktiv

Drei Zeilen für Ihre persönlichen Bemerkungen:

____

____

____

5. Situative Schlagfertigkeit: die emotionale Botschaft

Methode – Technik – Instrument

Dieses Instrumentarium lehnt sich an die Meta-Ebenen-Strategie an.

Jeder Verbalakrobat möchte mit seinem Angriff eine Irritation, eine Sprachlosigkeit erzeugen. Und wehe, Sie steigen auf seine Ebene ein, dann dominiert er dieses Spiel.

Was aber, wenn durch diese Rechnung ein emotionaler Strich gemacht wird?

Dann platzt der Versuch, ein sieghaftes Wortgefecht zu führen.

Ansatz und Wirkweise

Das Muster ist simpel und deshalb einfach umsetzbar. Es lautet:
Angriff → emotionale Botschaft.

Beispiel:
«Sie sind von Beruf ‹Mutter›, das ist ja peinlich!» (Begleitet durch ironische Betonung.)
➜ «*Ich finde es schade*, wenn Sie damit auch Ihre Mutter diskriminieren. Das haben Sie doch sicherlich nicht nötig.»

Ähnliche Formulierungen:
➜ «Sie tun mir leid»
➜ «Ich bin enttäuscht von Ihnen!»

Beleidigungen, Angriffe unter die Gürtellinie und sonstige Verbalattacken zerplatzen wie eine Seifenblase, wenn Sie auf der emotionalen Ebene kontern.

Sind Sie also *sichtbar getroffen*, so war der Angriff auch ein *Treffer*, kontern Sie aber souverän, indem Sie den Angriff aufnehmen und sich diesem Niveau entziehen, dann war es ein Nadelstich in ein emotionales Vakuum.

Die emotionale Rückmeldung lädt den Angreifer zu einer Reflexion ein und zeigt auf: No point.

Unterstreichen Sie diese emotionale Aussage noch mit einem netten Lächeln, einer einladenden Gestik – und der Punkt geht an Sie.

Die Schwelle für den Aggressor, wieder mit einem dummen Spruch einzusteigen, ist extrem hoch.

Reflexion der methodischen sowie didaktischen Vorteile und Nachteile

Vorteil: Dieses Instrumentarium knüpft bei der *Meta-Ebenen-Strategie* an. Sie ist auch Grundlage für *Feedback.*
Emotional geankertes Feedback funktioniert ähnlich:
1. Rückmeldung, was Sie wahrnehmen.
2. Aufzeigen, was Sie erleben.
3. Konstruktiver Vorschlag, wie das Gespräch weitergehen könnte.

Damit die Rückmeldung auch beim anderen ankommt, ist es notwendig, den anderen nicht in eine *emotionale Zwickmühle* zu bringen, ihn dabei sein *Gesicht wahren* zu lassen.

Entlastung bringen Sie für den Gesprächspartner, wenn Sie die 4-W-/3-T-Regel befolgen.
➜ «*Ich finde es schade,* daß Sie einen solchen Spruch ablassen. Das haben Sie sicherlich nicht nötig, doch kommen wir zurück zum Punkt ...!»

Belastung bringen Sie, wenn Sie mit einer Frage schließen:
➜ «Haben Sie das nötig?»

Hier nötigen Sie zur Rechtfertigung, zur Verteidigung. Und damit eröffnen Sie ein weiteres Spielfeld der Auseinandersetzung. Dieses könnte zu Ihrem Nachteil gereichen.

Beteiligen Sie sich an Wortgefechten emotional, lassen Sie sich aber nicht emotional verwickeln.

Situationsbezogene Differenzierungen und Tips

Sobald Sie immer wieder mit ein und demselben Gesprächspartner Ihren Konflikt haben, so gehen Sie auch einmal dazu über, ihn mit einer Frage in die Rechtfertigungsecke zu stellen.

Doch bitte überlegen Sie es sich genau. Es ist zumindest ein probates Mittel, einen schwelenden Konflikt zu beenden.

Aber *Vorsicht*: «sein Gesicht» kann Ihr Dialogpartner nur dort wahren, wo er nicht vor anderen Gesprächsteilnehmern aufläuft.

Sind Sie am konstruktiven Dialog in der Zukunft interessiert, bietet sich nur das Zweiergespräch an.

Checkliste:
Die emotionale Botschaft

Methode – Technik – Instrument	Emotionale Rückmeldung, vgl. Meta-Ebene
Ansatz	Kontern über Mitteilung der emotionalen Befindlichkeit, endet mit Frage oder Aussage
Wirkung	bei Frage: Rechtfertigungsecke für den anderen, bei Aussage: Abgrenzung vom anderen
Nebenwirkung/Warnung	Abschluß durch Fragen nur konstruktiv im Dialog
Reaktionszeit	direkte Aussprache des «Bauchgefühls»
Bewertende Differenzierung:	
– Zweiergespräch	Abschluß durch Fragen und Ausagen konstruktiv
– Kleingruppe	fairer Abschluß nur durch Aussage
– öffentliches Forum	fairer Abschluß nur durch Aussage
Ergebnis	beendet sehr schnell unsachliche, destruktive Sequenzen
Fazit	Sie zeigen durch dieses Instrument Ihre Grenze auf; Einstieg zum konstruktiven Dialog möglich

Drei Zeilen für Ihre persönlichen Bemerkungen:

____

____

____

6. Situative Schlagfertigkeit: das Wortspiel

Methode – Technik – Instrument

Die Methode der Schlagfertigkeit durch ein lockeres Wortspiel kennen wir alle am besten. Wir nutzen sie allerdings ungewollt. Nämlich bei Versprechern:

Freudsche Fehlleistungen, durch Ähnlichkeit bedingter Austausch oder Ersetzungen in der Form, beispielsweise bei Anfangsbuchstaben oder auch innerhalb von Worten, Wort- oder Bildassoziationen, falsche Betonungen, Vorwegnahmen, durch Kombinationsvielfalt mögliche Vertauschungen von Satzteilen oder Worten, Stilblüten oder Doppeldeutigkeiten («Ambiguitäten»), die durch den Austausch oder die veränderte Reihenfolge von Worten im Kontext entstehen, Verwechslungen von ähnlich klingenden Worten mit unterschiedlichen Bedeutungen, sinnverändernde oder -entstellende Auslassungen von Buchstaben oder ganzen Worten.

Ansatz und Wirkweise

Zielsetzung dieser Methode ist es nun, *bewußt* solche Variationen von Aussagen zu produzieren, die wir allerdings als witzig-spritzige Schlagfertigkeiten deklarieren und die deshalb einen hohen Unterhaltungswert für das anwesende Publikum oder anwesende Dritte haben.

Einige Beispiele:
«Sie verstehen wohl immer nur *Bahnhof*, was?»
➜ «Ich verstehe auf jeden Fall, daß der *Zug* in Ihrem Projekt abgefahren ist!»
Hier handelt es sich um das Aufnehmen der Aussage und ihre Umsetzung in ein Bild: Bahnhof – abfahrender Zug.

«Ich kann und will das nicht *verstehen*!»
➜ «Sorry, aber ich kann Ihnen nur helfen, wenn Sie mich *hören*. Wenn Sie es nicht verstehen, liegt es nicht in meiner Macht, Ihnen weiterzuhelfen.»
In diesem Fall wurden ähnliche Worte mit unterschiedlichen Bedeutungen verwendet.

«Herr Müller, Sie waschen ja *Ihr Auto*!»
➜ «Klar, *wessen Auto* sollte ich denn sonst waschen?»
Dieses Beispiel zeigt die Ersetzung, den Austausch von Worten.

«Mein Chef wird einfach *immer älter!*»
➜ «Klar, das ist ein natürlicher Prozeß, aber Chefs sehen *immer früher älter* aus!»
Hier wurde ein Wort hinzugesetzt, welches dann die Bedeutung der Aussage verändert.

Ein Prinzip, nachdem übrigens auch die Werbung funktioniert.
Das Motto «*Der Klügere* gibt nach!» wurde von der Werbung bei der Dr.-Best-Zahnbürste umgestrickt in:
➜ «*Die klügere Zahnbürste* gibt nach!»

Bei dieser methodischen Schlagfertigkeit sind Ihrer Kreativität keine Grenzen gesetzt.

Reflexion der methodischen sowie didaktischen Vorteile und Nachteile

Vorteil: In Bildern zu denken, mit Wort- oder Bildasssoziationen zu spielen, übt für uns einen magischen Reiz aus. Doch bitte denken Sie daran, es handelt sich um reine Wortspiele, um witzig-spritzige Anmerkungen und Bemerkungen, die einen hohen Unterhaltungswert haben.

Nachteil: Allerdings werden damit Sprachspiele in Gang gesetzt und häufiger ernstgemeinte Argumente oder Aussagen konterkariert, da sie die ernsthaften Dialogpartner nicht abholen, sondern die Sachebene untergraben.

Situationsbezogene Differenzierungen und Tips

Bitte beachten Sie jeweils bei der Anwendung dieser methodischen Schlagfertigkeit das Ergebnis für das Gespräch:

Gemeinsames Lachen fördert den Kontakt,
gemeines Lachen fordert den Kontrakt.

Vielfach setzen eloquente, redegewandte Menschen diese Methode als eine *präventive Technik* mit einer gehörigen Portion Unhöflichkeit ein:

➜ «Ihr Vortrag kam ja sehr *flüssig* rüber, geradezu *überflüssig* in den Aussagen!»

➜ «Herr Godorf-Schwetzer, Sie werden Ihrem Namen gerecht; Sie schwätzen und schwätzen und schwätzen!»

➜ «Dr. Martin Macht» wird zu «Martin macht's».

Gerade die Verunglimpfung von Namen ist in vielen Konferenzen eine beliebte Spielwiese, allerdings auch manchmal eine «versteckte und zugleich verräterische Botschaft», die uns Gesprächspartner ungewollt übermitteln.

Ein weiteres Beispiel für eine *«versteckte Botschaft»*:
Es klingelte kürzlich an der Haustür, davor stand eine Dame, die sagte, sie sei von einer privaten Behinderteninitiative und würde gerne einige Produkte vorstellen.

Als ich Ihr erklärte, daß mein Bedarf über einen direkten Draht nach Bethel gedeckt sei, beendete sie die Diskussion mit einem «verräterischen» verbalen Treffer ins Schwarze:

➜ «Dann kann ich Sie ja wohl nicht über*reden*!»

Gemeint hatte sie – halten wir es ihr zugute – vermutlich «über*zeugen*!»
Ein etwas anderes Wort, eine sehr differente Bedeutung.

Checkliste:
das Wortspiel

Methode – Technik – Instrument	Bild- und Wortassoziationen, Doppeldeutigkeiten, Austausch von Worten oder Wortbestandteilen
Ansatz	(anders als beim «Versprecher»:) gewollte Spitzfindigkeit
Wirkung	erzeugen in der Regel Heiterkeit, schaffen Atmosphäre
Nebenwirkung/Warnung	können sachliche Argumentation schnell ins Lächerliche ziehen
Reaktionszeit	muß spontan erfolgen, direkt
Bewertende Differenzierung:	
– Zweiergespräch	kann Kontakt durch gemeinsames Lachen schaffen
– Kleingruppe	s.o.
– öffentliches Forum	Drahtseilakt zwischen gemeinsamem Lachen
Ergebnis	eher witzig-spritzige Schlagfertigkeit
Fazit	gemeinsames Lachen ist gesund und fördert das Klima, aber dosieren: «weniger ist mehr!»

Drei Zeilen für Ihre persönlichen Bemerkungen:

____

____

____

7. Präventiv-situative Schlagfertigkeit: der verbale Deckel

Methode – Technik – Instrument

Das Wort «Glück» leitet sich von der Wortbildung «ge-lücke» ab, womit in früher Vorzeit ein Topf bezeichnet wurde, zu dem der passende Deckel gefunden oder hergestellt war.

Diese Methode setzt also dort an, einem Spruch, einer verbalen Aggression oder einem beginnenden Wortgefecht möglichst schnell – aus Sicht des Angesprochenen – einen «geeigneten» Deckel aufzusetzen.

Ansatz und Wirkweise

Für die Deckelmethode bieten sich verschiedene Varianten an:

- ein passendes deutsches oder fremdländisches Zitat,
- ein Standardspruch, der «immer paßt»,
- ein verbaler Deckel in Form einer schroffen Abfuhr, z.B. «Macht nichts!»; «Ihr Problem!»,
- eine Affirmationsfrage, die im Normalfall dazu dient, den anderen zum Weiterreden zu animieren und seinen Erzählfluß zu stimulieren, beispielsweise «Ach ja?», «Wirklich?». Hier ändert sich allerdings der interessierte Tonfall in ein *spöttisches* Betonen: «Sie?»

Als ich vor Jahren an einer Veranstaltung aus Spaß diese Empfehlung gab, bei dummen Nachfragen, die die Diskussion in eine unsagbare Länge ziehen, diese Deckel auch einmal anzuwenden, nahm sich ein Top-Berater dieser Methode an und im kleinen internen Kreis kanzelte man sich gegenseitig schon mal damit ab.

Dann allerdings hatte der Berater eine Präsentation bei einem Versicherungskunden, wo in einer Diskussion der Vorstandsvorsitzende immer wieder nachfragte. Nach mehreren Erklärungen reagierte der enervierte Berater, indem er auf die Aussage «Ich habe es nicht verstanden!» mit einem honigsüßen Lächeln ein *«Macht nichts!»* entgegnete.

Der VV war so perplex, daß er gar nicht weiterfragte.

95% aller Berater hätten bei diesem Kunden ihren Job schmeißen können, doch der Vorstand sprach den Berater anschließend an und komplimentierte diesen Deckel – sinngemäß – mit den Worten: «Da haben Sie mich ja vollkommen auf dem falschen Fuß erwischt!»

Hier stimmte die *Beziehungsebene*, die diese verbale Entgleisung zuließ, ansonsten wäre sie ein Rohrkrepierer oder ein Bumerang geworden.

Ähnlich sprengt auch ein anderer Top-Manager aus Frankfurt häufig die Präsentationen seiner Führungskräfte mit seinem simplen, aber fast legendären *«So what?»*.

Dieser Deckel schafft Irritation und der Gesprächspartner ist in fast allen Fällen regelrecht perplex.

Harmloser ist es, ein *Zitat* aufzusetzen, welches aus der Situation heraus zumindest passen sollte.

➜ «O sacta simplicitas!» – O heilige Einfalt!
➜ «Suum cuique» – Jedem das Seine.
➜ Abgewandelt: «Timeo Zwischenrufer et dona ferentes!» – Ich fürchte Zwischenrufer, auch wenn sie Geschenke bringen!
➜ «Quidquid id est!» – Was es auch sei.

Affirmativfragen als verbale Killer eingesetzt lauten:

➜ «Und?!»
➜ «So what!?»
➜ «Sie etwa?!»

In der Regel gestalten sich diese Deckel durch einen *begleitenden spöttischen* Tonfall.

Einige *Sprüche, die (fast) immer passen:*

➜ «Wie bitte?» – hier wiederholt sich Ihr Gegenüber aus Höflichkeit schon wieder, nochmal «Wie bitte?» nachgefragt, und er merkt, daß er aufgelaufen ist.
➜ «Schade, daß Sie das Problem sind und keine Lösung bringen?!»

→ «Ein hervorragender Einwand, schade nur, daß er einen logischen Denkfehler hat – wissen Sie welchen?!» Ohne Frage wird es noch härter.

→ «Heute ist für Sie Schweigen angesagt!»

Reflexion der methodischen sowie didaktischen Vorteile und Nachteile

Der *Vorteil* liegt auf der Hand. Solche verbalen Deckel schaffen natürlich eine klare Irritation, der Gesprächspartner ist aufgrund der erfahrenen Unhöflichkeit in den meisten Situationen perplex.

Anderseits schaffen Sie sich durch solche Aussagen, und das sind die *Nachteile*, keine Freunde. Wen wundert's, wenn das Gegenüber dann auf Rache sinnt und sich bei der nächsten Gelegenheit revanchieren wird. Gelegenheit macht Liebe, Gelegenheiten bringen Hiebe.

Situationsbezogene Differenzierungen und Tips

Verbale Deckel bringen Ihnen in einem Zweiergespräch nur kurzfristig Spaß. Sie bringen das Gespräch nicht voran und destruktive Dialogpartner auf keinen Fall zum konstruktiven Disput.

> Verbale Deckel schubsen Gesprächspartner von der Bootskante, anstatt diese ins Boot zu holen.

In nervigen Diskussionen allerdings sieht die Sache schon anders aus. Hier empfiehlt es sich, auch einmal von dieser Waffe Gebrauch zu machen, wenn destruktive Teilnehmer sich dem konstruktiven Dialog verweigern.

Sie können es nicht allen Gesprächspartnern recht machen, auch wenn diese das Recht haben, sich in Gesprächen jederzeit zu Wort zu melden. Und dann ist es sinnvoller, sich mit der Mehrheit zu beschäftigen, als in einem großen Plenum sich auf eine Einzelperson zu konzentrieren. Damit sammeln Sie nur selten Punkte.

Checkliste:
der verbale Deckel

Methode – Technik – Instrument	verbale Abfuhr, Zitat setzen oder Affirmativfrage
Ansatz	Fragen oder Kommentare im Keim ersticken, Gegenüber ins Leere laufen lassen oder in Rechtfertigung bringen
Wirkung	Gesprächsteilnehmer sind perplex oder haben Rechtfertigungsdruck
Nebenwirkung/Warnung	schafft keine «Freunde»
Reaktionszeit	Standardfloskeln oder Sprüche direkt aufsetzbar
Bewertende Differenzierung:	
– Zweiergespräch	nicht konstruktiv
– Kleingruppe	manchmal notwendig
– öffentliches Forum	manchmal hilfreich, um Konzentration auf einzelne zu vermeiden
Ergebnis	nicht konstruktiv, aber manchmal hilfreich in Plenum oder Gruppe
Fazit	dieses Instrumentarium muß sehr wohl abgewogen werden

Drei Zeilen für Ihre persönlichen Bemerkungen:

____

____

____

8. Situative Schlagfertigkeit: Paradoxon-Technik

Methode – Technik – Instrument

In der modernen Kommunikation, in der Literatur ist es es eine spezifische Gattung. Das Paradoxon, die paradoxe Aussage. Provokativ-rhetorisch gestaltet, zielt eine paradoxe Botschaft darauf ab, eine Irritation oder eine Denkkrise beim Gesprächspartner zu bewirken. Auffallend und eingängig zugleich wird eine Widersprüchlichkeit in der Aussage oder der Argumentationskette thematisiert und ausgelöst. Der Gesprächspartner soll deutliche Gegensätze zulassen, die sich – rein logisch und nachvollziehbar – prinzipiell jedoch in ihren Aussageinhalten ausschließen. Das Paradoxe ist einem Januskopf vergleichbar, der zwei unterschiedliche und inhaltlich differente Aussagen, sich ausschließende Aussagen zugleich zuläßt und sie sogar miteinander verbindet, sie gleichsam harmonisiert. Und somit die Irritation schafft. Dabei geht das provokativ-rhetorische Paradox, das verschiedene Erscheinungsformen aufweisen kann, zunächst einmal – und das ist allen Pardoxen gemeinsam – im Element einer greifbaren und scheinbar unsinnigen Widersprüchlichkeit auf, wobei hinter den Widersprüchlichkeiten insgesamt rational fundierte, erfaßbare und einleuchtende, verständliche und doch unverständliche Prämissen, sprich: Voraussetzungen, stehen.

Ausgesprochene logische Ungereimtheiten oder thematisierte unlogische Scheinwahrheiten können bei allem Spaß an der Formulierung und der zugrundeliegenden Ästhetik dennoch zur Aufhebung der Aussagegültigkeit führen. Auch wenn gleichsam durch eine sprachlich verpackte Totaloperation das Entweder-oder, das Weder-noch oder ein gleichzeitiges Sowohl-als-auch durch den Zuhörer ergänzt werden muß.

Ansatz und Wirkweise

In unserem Fall situativer Schlagfertigkeit geht es um deutliche Aussagen, die allerdings als «ungesagt» formuliert werden.

Sie können

- entpersonalisiert,
- klassisch paradox im Aussagekern

sein.

Beispiele:

➜ «Meine gute Erziehung verbietet es mir, Ihren blöden Zwischenruf auch als solchen zu bezeichnen.»

Somit ist jedem Zuhörer klar, was Ihnen die gute Kinderstube ja verbietet auszusprechen, nämlich daß der Zwischenruf «blöd» sei.

➜ «In Ihrem Vorschlag stehen Sie als Macher im Mittelpunkt, uns bei der Lösung aber im Weg.»

Mittelpunkt sein und im Weg stehen schließen sich von der Logik aus. Es ist eine paradoxe Aussage.

➜ «Normalerweise würde ich ja auf diesen Zuruf anspringen und einiges dazu sagen, aber heute liegt mir am konstruktiven Dialog!»

Damit ist der Zwischenrufer als destruktiv bewertet.

Das Reaktionsmuster liegt auf der Hand:

Aussage → Antwort mit paradoxer Bedeutung.

Als *Entpersonalisierungstechnik* bezeichne ich Aussagen, bei denen Sie sich aus der Verantwortung ziehen.

Beispiel:

➜ «So mancher würde Ihnen auf diese Bemerkung antworten: Blödmann!, aber das ist nicht mein Stil.

➜ «Mein Freund Thomas Meier würde auf diese Bemerkung nun antworten: ‹Gut, sehr, sehr gut.› Zufrieden?»

Reflexion der methodischen sowie didaktischen Vorteile und Nachteile

Hier fahren Sie mit dieser Technik schweres Geschütz auf, da Sie in solche paradoxen oder entpersonalisierten Aussagen fast alles hineinpacken können, was Ihnen auf der Seele brennt.

Konstruktiv sind solche Formulierungen auf keinen Fall.

Sie schaffen sich damit Feinde, haben wohl aber die schadenfreudigen Lacher auf Ihrer Seite.

Doch letztlich entscheiden Sie aus der Situation heraus.

Situationsbezogene Differenzierungen und Tips

Ein nettes Lachen nimmt jeder dieser Formulierungen die Schärfe, allerdings bleibt da immer Schärfe zurück. Hier handelt es sich um eine Technik, die Schlagfertigkeit demonstriert, allerdings keineswegs konstruktiv ist.

Wenn Sie sich zu dieser Technik einmal genötigt sehen, so schließen Sie bitte dann mit einer *Aufforderung zum konstruktiven Dialog*.

Ein Beispiel:

➜ « …(Aussage) … So, nun aber Schluß mit den Wortgefechten!»
Im Anschluß: Das Prinzip der 3-T-Regel anwenden und konstruktiv weitermachen.

Aber es gibt Situationen, dort müssen wir auch einmal das herauslassen, was sich sonst im Bauch festfrißt …

Checkliste :
Paradoxon-Technik

Methode – Technik – Instrument	paradoxe oder entpersonalisierte Aussagen
Ansatz	Dinge aussprechen und seine Aussage zurücknehmen
Wirkung	schafft Irritation und beschwört Denkkrise/Verblüffung
Nebenwirkung/Warnung	schweres Geschütz, nicht konstruktiv
Reaktionszeit	greift Standards oder Bauchgefühl ab
Bewertende Differenzierung:	
– Zweiergespräch	destruktiv
– Kleingruppe	situativer Deckel/Emotionen werden abgearbeitet
– öffentliches Forum	s.o.
Ergebnis	schlagfertig, aber nicht konstruktiv
Fazit	liefert Wortgefecht, fordert nicht zum konstruktiven Gespräch, ratsam nur dort, wo es Ihnen gewaltig stinkt

Drei Zeilen für Ihre persönlichen Bemerkungen:

9. Situative Schlagfertigkeit: die nonverbale oder paraverbale Signal-Technik

Methode – Technik – Instrument

Nonverbale Kommunikatoren sind Gestik oder Mimik, *paraverbale Signale* sind sprechbegleitende Geräusche.

Diese Technik setzt *anstatt mit verbalen Mitteln* schlagfertige Akzente durch nonverbale oder paraverbale Signale.

Ansatz und Wirkweise

Normaler Weise reagieren wir auf verbale Streiche oder Wortattacken mit einer Aussage, einer Replik, einer Erwiderung.

Nicht aber bei dieser Technik. Hier agieren wir mit

- *«sozialen Geräuschen»* oder mit
- *Gestik, Mimik,*
- oder auch paraverbalen und nonverbalen *Signalen in der Kombination mit Worten.*

Aus dem öffentlichen Leben kennen wir beispielsweise
➜ den *«Effenberg-Finger»*, den ausgestreckten Mittelfinger, der symbolisiert: «Du kannst mich mal gernehaben!» Er hat seinen Namen nach dem Nationalspieler Effenberg bekommen, der während einer Diskussion einmal so auf das Gefragte reagierte;
➜ *«die ausgestreckte Zunge»*, Sinnbild in der Werbung bei *Albert Einstein*, der sich in dieser Form über Dinge erhaben gezeigt hat. Ähnliche Aussage wie der Finger.

Nonverbale Gestik oder Mimik und entsprechende Geräusche – in der Kombination oder jeweils für sich als alleiniges Signal – kennen wir in anderen Variationen zur Genüge.
Beispielsweise:
➜ Kopfschütteln (O Gott)
➜ Feixen (Ätsch)
➜ Augenbrauen hochziehen (Vorsicht)

➜ die ausgestreckte Zunge bei Kindern (Ätsch)
➜ Naserümpfen (Igitt)
➜ abwertende Handbewegung (Vergiß es!)
➜ offene Hände, Handoberfläche nach oben (Was soll's?)
➜ «Tsss?!» mit kombiniertem Kopfschütteln (Wie kann man nur?)

Diese *Kommunikatoren*, also paraverbale oder nonverbale Aussagen, geben sog. «ritualisierte Signale», die für das Gegenüber einfach zu entschlüsseln sind, da sie quasi als genormt gelten und somit keiner verbalen Präzisierung bedürfen.

Jemandem, dem wir die Zunge zeigen, der weiß, was wir für ihn empfinden.

Doch sind es ja gerade die *spaßigen Signale*, die als Mittel der situativen Schlagfertigkeit ihren Einsatz finden.

➜ Klatschen Sie doch einfach einmal, wenn Ihr Gegenüber einen dummen Spruch über Emanzen macht.

➜ Zielen Sie mit einer aus Fingern geformten Pistole auf ihn und machen Sie dazu «Peng!»

➜ Reagieren Sie einfach mal mit «Wow!»

➜ Pressen Sie die gereckten Daumen, Zeigefinger und Mittelfinger aneinander und formen mit den Lippen zugleich einen Schmatz.

Der Symbolcharakter aller dieser Zeichen und Signale ist eindeutig:

«Du und Deine Aussage lassen mich kalt!»

Reflexion der methodischen sowie didaktischen Vorteile und Nachteile

Hier wird mittels nonverbalen oder paraverbalen Kommunikatoren dem Gegenüber eine ironisierende Aussage gemacht.

Oscar Wilde formulierte es einmal sehr deutlich:

«Ernsthaftigkeit ist die Zuflucht derer, die nichts zu sagen haben.»

Und er hatte recht, denn wir nehmen uns selber immer viel zu ernst, uns viel zu selten auf die Schippe. Und das ist schade.
Doch *Vorsicht*, die Situation muß abgeschätzt werden.

Situationsbezogene Differenzierungen und Tips

Achten Sie bitte darauf, wo Sie sich in welcher Situation mit welchen Leuten befinden, diese Technik signalisiert sehr schnell eine *Überheblichkeit und Dominanz*, drückt häufig aus: «Ich stehe über Dir!»

Diese Technik empfiehlt sich in der Anwendung vor allem in lockeren, geselligen Runden, wo der *emotionale Kontakt* bereits so gefestigt ist, daß sich kleine Unhöflichkeiten legitimieren.

Doch es gibt auch Situationen, wo dieses Mittel geeignet ist, damit Sie nicht vor den verbalen Auswüchsen des Gesprächspartners kapitulieren.

Und wenn Sie etwas später eine Situation reflektieren und sagen: «Da habe ich meinem Ärger mal so richtig Luft gemacht!» dann gilt:

Es ist o.k., wenn es für Sie o.k. ist.

Checkliste:
die nonverbale oder paraverbale Signaltechnik

Methode – Technik – Instrument	ein Signal ist stärker als 10 falsche Worte
Ansatz	statt Worte: Gestik oder Mimik, soziale Geräusche
Wirkung	Abwertung oder Ironie
Nebenwirkung/Warnung	konterkariert Aussagen
Reaktionszeit	«laßt Bauchgefühle sprechen!»
Bewertende Differenzierung:	
– Zweiergespräch	nur bei einem guten Draht einsetzbar
– Kleingruppe	in der Regel destruktiv; bei gutem Kontakt wirkungsvoll
– öffentliches Forum	destruktiv
Ergebnis	bewirkt Kommunikationsstörung
Fazit	Holzhammer-Technik, zu der man genötigt sein kann

Drei Zeilen für Ihre persönlichen Bemerkungen:

Blackout? Gesprächsfaden gerissen? Kein Problem für Profis!

Sprachlosigkeit entsteht unter anderem dort, wo das Gedächtnis einem einen Streich spielt.

Das Gedächtnis ist eine Schublade, die ab und zu mal klemmt. Oder ist es eher ein Sieb?

Egal. Wir alle kennen nämlich diese Situationen. Da möchte man was Wichtiges in einem Gespräch anfügen oder bei einem Vortrag eine entscheidende Ausführung machen, aber … steht auf dem Schlauch.

Der Mund geht auf, ein «äh» kommt raus, und das war es dann.

Oder während einer Präsentation bzw. im Vortrag hat man einen zusätzlichen Gedanken – kein Wunder, wo wir doch beim Aussprechen des einen bereits vier weitere produzieren! –, und schon kommt es zum bekannten «Fadenriß».

Selbst die Volksredner Nr. 1, sprich Politiker, erleben ihn immer wieder, den Blackout.

Und das, obwohl wir jede Menge an unstrukturierten und unausgegorenen Gedankensplittern und Ideenblitzen im Kopf haben.

Ein solcher Fadenriß ist nicht schlimm, schlimm wird es nur dann, wenn wir die alte und tradierte Kommunikationsregel befolgen und uns «outen», reumütig bekennen, daß uns der Faden gerissen ist, herumstottern und mit Null-Aussagen versuchen, uns doch noch zu retten.

Mit solchen Aussagen und Verbalgrätschen ernten Sie nur eins: *Mitleid.*

Mitleid ist aber nicht mit Sympathie zu verwechseln und nur allenfalls ein Trostpflästerchen für ansonsten gute und gelungene Präsentationen und eloquente Vorträge.

Was also tun Sie als Profi?

Es gibt drei hervorragende Möglichkeiten, bei solchen *Gedankenirritationen* mit dem schwarzen Loch im Kopf fertig zu werden und zugleich noch souverän dabei zu sein:

- Kommunikative Schleifen mittels Kernbotschaft,
- Wiederholungen,
- es anders sagen.

Kommunikative Schleifen mittels Kernbotschaft

Im ersten Fall machen Sie, sobald Sie einen «Blackout» feststellen, eine dezidierte Wirkungspause, schauen sich im Publikum um, nehmen bewußt intensiven Blickkontakt zu den Anwesenden auf und schieben etwa folgende Formulierung ein:

> «Meine Damen und Herren, lassen Sie mich noch einmal an dieser Stelle festhalten:
> ... (Kernbotschaft!) ... hier geht es um nichts anderes als den Fortbestand unseres Unternehmens!»

Sie betonen damit nochmals Ihr oberstes Ziel und vermitteln den Eindruck, einen *beabsichtigten* Einschub gebracht zu haben. Sie werden feststellen, daß Ihr Publikum aufgrund der Wirkungspause aufhorcht und somit noch intensiver zuhört.

Danach kann auch ruhig ein Gedankensprung erfolgen, aber die Wirkung ist ein souveränes Verhalten, welches man Ihnen attributiert.

Wiederholungen

Im zweiten Fall machen Sie, sobald Sie einen «Blackout» feststellen, eine dezidierte Wirkungspause, schauen sich im Publikum um, nehmen bewußt intensiven Blickkontakt zu den Anwesenden auf und schieben etwa folgende Formulierung ein:

«Nochmal: ... (Wiederholung der letzten getätigten Aussage!) ... wir sind an einem entscheidenden Wendepunkt angelangt ...!»

Ihr Publikum wird überzeugt sein, daß Sie diese Wirkungspause und die Wiederholung beabsichtigt haben, denn wenn eine Aussage wiederholt wird, dann muß sie einfach wichtig sein; würde sie ansonsten wiederholt?!

Danach werden Sie mit Sicherheit Luft haben, um den Anknüpfungspunkt souverän zu finden.

Sie *programmieren* sich sozusagen in Ihr Skript damit hinein. Wenn nicht, dann tut auch der Gedankensprung Ihrer persönlichen Wirkung keinen Abbruch.

Es anders sagen

Im dritten Fall machen Sie, sobald Sie einen «Blackout» feststellen, eine dezidierte und wirkungsvolle Pause, schauen sich im Publikum um, nehmen bewußt intensiven Blickkontakt zu den Anwesenden auf und schieben etwa folgende Formulierung ein:

«Meine Damen und Herren, lassen Sie es mich noch deutlicher formulieren, ... wir sind am entscheidenden Wendepunkt angelangt ...!»

Die Formulierung, anders gesagt, vermittelt den Eindruck einer bewußt anders gewählten Aussage.

Fazit

Blackouts sind nur dann schlimm, wenn Sie nicht damit – und zwar vorher – gelernt haben, umzugehen.

Profi-Tips für Blackouts:

- Ein *wirklicher Blackout* entsteht erst dann, wenn Sie ihn produzieren, sprich: darauf aufmerksam machen.
- Wirkungspausen schaffen Ihnen Luft zum Nachdenken.
- *Gedankensprünge* akzeptiert das Publikum, weil es sowieso nicht weiß, was Sie hätten sagen wollen. Weshalb übrigens der Druck auch ansteigt, wenn Redner ihr Vortragsmanuskript bereits zum Beginn der Rede auslegen. Es dämpft die Spannung … und wehe, wenn ich mich vergaloppiere.
- Sie können sich gut in Ihr Skript, Ihr Konzept hineinprogrammieren, doch dafür brauchen Sie einen *Anker*, und den finden Sie in der Wiederholung der bereits getätigten Aussage.

Versprecher? Herausforderungen der kommunikativen Intelligenz!

Sprachlosigkeit entsteht dort, wo wir uns, aus welchen Gründen auch immer, einen Versprecher leisten.

Helen Leuninger: «Jeder sprachliche Ausdruck, sei es ein Wort, ein Satzteil, ein ganzer Satz, aber natürlich auch Satzfolgen – Texte oder Dialoge – ist nach formalen Regeln der Laut- und Wortkombinatorik aufgebaut. Nur wenn diese Regeln auch beachtet werden, können Sprecher mit ihren Äußerungen auch Botschaften übermitteln.» («Danke und tschüß für's Mitnehmen», S. 108)

Wie lassen sich Versprecher charakterisieren, wie klassifizieren?
Versprecher sind:

- Freudsche Fehlleistungen, nämlich ähnlich klingende Worte mit anderer Bedeutung ungewollt zu verwenden, z.B.: «ICE-Terasse» statt Trasse, «Gefrier-Professur» statt C4-Professur.
- Durch Ähnlichkeit bedingter Austausch oder Ersetzungen in der Form, beispielsweise bei Anfangsbuchstaben oder auch innerhalb des Wortes, z.B.: «Absetzung» statt «Besetzung» oder «Ersetzung».
- Falsche Betonungen, z.B.: «Käselaugenstange».
- Vorwegnahmen, sog. Antizipationen von Buchstaben, z.B.: «Erbdeerenernte» statt «Erdbeerenernte»; «Sappelschletter» satt «Sattelschlepper»; «die schleppend zerlaufende Zersetzung» statt «verlaufende Zersetzung».
- Durch Kombinationsvielfalt mögliche Vertauschungen von Satzteilen oder Worten, z.B: «Danke sehr; und tschau für's freundliche Mitnehmen»; «Schlafskäse für Schlappland» statt «Schafskäse für Lappland».

- Nicht verfügbare Bezeichnungen und Begriffe, z.B.: «Der Vogel in der Hand ist besser als die Traube auf dem Dach» statt «der Spatz in der Hand/Taube auf dem Dach».
- Stilblüten oder Doppeldeutigkeiten («Ambiguitäten»), die durch den Austausch oder die veränderte Reihenfolge von Worten im Kontext entstehen, z.B.: «Je häufiger alkoholisiert gefahren wird» statt «Je mehr Menschen alkoholisiert fahren»; «die Grundschulleerer» statt «Grundschullehrer».
- Aussagen, die man nicht tätigen möchte, dennoch auszusprechen: «Oh, das ist mir herausgerutscht.»
- Verwechslungen, z.B.: «Sabines Norweger Katze» statt «Sabines Norweger Pony»; «Er brach den Welt-Akkord» statt «Weltrekord».
- Sinnverändernde oder -entstellende Auslassungen von Buchstaben oder ganzen Worten, z.B.: «Er ist von Beruf Scheißer» statt «Schweißer».
- Aussagen mit einer falschen Wertung zu versehen, z.B. positive Dinge ungewollt zu negieren und umgekehrt: «Ich bin gegen Atomkraft» statt «Ich bin für Atomkraft».

Die eigene Erkenntnis, als Irritation erlebt, machen Versprecher für uns häufig erst richtig schlimm.

Welche Möglichkeiten gibt es, mit Versprechern umzugehen? Es bieten sich folgende Möglichkeiten der kommunikativen Intelligenz an:

- Die rhetorisch herbeigeführte Abgrenzung,
- die bewußte und durch Lachen begleitete Etikettierung als «Freudsche Fehlleistung»,
- die sachliche Korrektur.

Die rhetorisch herbeigeführte Abgrenzung

Erinnern wir uns an die Bundestagswahl im September 1998. Die damalige Bundesministerin Claudia Nolte ließ in einer lockeren Aussprache über die zukünftige Ausrichtung ihres Ministeriums und strategische Ziele vor Journalisten ohne ersichtlichen Grund eine Aussage darüber fallen, daß die Bundesregierung nach der Wahl nicht umhinkönne, die erst kürzlich von 15 auf 16% aufgestockte Mehrwertsteuer erneut anzuheben.

Als sie die Aussage getätigt hatte und plötzlich sich dessen bewußt wurde, zögerte Nolte irritiert einen Moment. Und schon setzte das journalistische Kreuzfeuer ein. Nolte verteidigte die Aussage, relativierte, ergänzte, daß es dazu keinen Beschluß gebe. Doch das gesagte Wort blieb stehen.

Am nächsten Tag dementierte sie nochmals. Betonte, daß es keinerlei Beschlüsse gäbe. Die Dementis der CDU- und der FDP-Kollegen erfolgten scharenweise.

Man warf der Ministerin – intern sogar «das Kind»/«Kindchen» genannt – Naivität und mangelnde Selbstkontrolle vor. Die Medien inszenierten diesen Versprecher und betonten, nun sei die «Katze aus dem Sack».

Hätte, so lautet die Kernfrage, dieser Versprecher aufgehoben werden können?

Die Antwort lautet: ja.

Uns ist klar, daß es einfach eine wahltaktisch ungeschickte Aussage war. Es geht hier nicht darum, ob Frau Nolte wirklich der Ansicht war, daß die Mehrwertsteuer anzuheben sei oder nicht. Es geht vielmehr darum, ob Frau Nolte rhetorisch diesen Versprecher hätte rückgängig machen können, abgesehen davon, daß es am besten gewesen wäre, diese Ansage nicht zu tätigen.

Stellen wir deshalb die Aussage noch einmal nach:

Beispielsweise sagte Claudia Nolte:

« … und deshalb werden wir nicht umhinkönnen, die Mehrwertsteuer anzuheben!»
Hier bemerkt sie nun Ihren Fehler und möchte sich am liebsten die Zunge abbeißen.
Sie hätte nun eine hervorragende rhetorische Möglichkeit, die herbeigeführte Abgrenzung:
Nämlich eine Ergänzung anzuführen und sich davon abzugrenzen, und zwar in folgender Form:
« …werden nun einige Unbesonnene fordern, aber wir werden mit aller Macht dagegen sein. Nicht mit uns!»
Sie könnte dann verstärken: «Ich betone nochmal: nicht mit uns!»
Die ganze Aussage lautet somit:
« … und deshalb werden wir nicht umhinkönnen, die Mehrwertsteuer anzuheben … werden nun einige Unbesonnene fordern, aber wir werden mit aller Macht dagegen sein. Nicht mit uns! (Wirkpause) Ich betone nochmal: Nicht mit uns!»

Es ist eine Möglichkeit, *kein* Patentrezept.

Die Etikettierung als «Freudsche Fehlleistung»

Als «Freudsche Fehlleistung» bezeichnen wir im allgemeinen Aussagen, bei denen wir einer Denkassoziation unterliegen und eine Aussage machen oder ein Wort verwenden, welches im Kontext einen tieferen Sinn erfährt. Benannt werden solche *Verbalevents* nach dem Gründungsvater der Psychoanalyse *Sigmund Freud.*

Ein Beispiel:
Im Bundestag sitzt ein Abgeordneter namens Norbert B. Haase. Ihm soll nun das Wort erteilt werden.
Der Bundestagspräsident, gerade aus den Gedanken, nicht aber der Schläfrigkeit gerissen:
«Herr Abgeordneter *Karnickel,* Sie haben das Wort!»

In das allgemein erheiternde Lachen der Kollegen könnte er nun lachend fortführen:
«Herr Haase, Entschuldigung, *das war eine Freudsche Fehlleistung.*»

Natürlich können wir solche Worte nicht mehr zurückholen, aber wir können sie durch Lachen aufweichen, ihnen die Spitze abknicken. Doch gesagt, bleibt gesagt.

Nicht berücksichtigt sind dabei natürlich bewußte Versprecher, die provozieren sollen.
Da wird dann in Parlamentssitzungen aus
Möllemann «Mümmelmann»,
aus Herrn Handlos «Herr Kopflos»,
aus Pfeffermann «Pfeffersack»,
aus General Renner der «Generalnenner»,
aus Jäger der «Kammerjäger»,
aus Schneider das «Schneiderchen» oder ähnliches.

Verballhornungen, die in der politischen oder wirtschaftlichen Streitkultur gang und gäbe sind.

Es gibt darüber hinaus jedoch auch Stilblüten, die durch den versehentlichen Austausch von Worten im Satzkontext erfolgen.

Die Professorin Helen Leuniger hat diese in Ihrem Buch «Danke und tschüß für's Mitnehmen» (Ammann Verlag, Zürich 1996) gesammelt.

Hier einige Beispiele aus diesem Buch:
«Ich habe mich mit Fänden und Hüßen gewehrt»
«Früchtlingsstrom»
«Es gab Reaktion von jüdigen, jüdischen Mitbürgern»
«Es hat keinen Ausfluß auf die Wahlentscheidung»
«Dieser Unterschied schmeckt ganz anders, äh, Quatsch, ich mein – ja komisch, was mein ich eigentlich?»

Wenn Sie Lust auf Versprecher haben, so lohnt sich dieses Buch allemal.

Selbstverständlich können Sie auch einen anderen Weg der Korrektur wählen, indem Sie nach Ihrem Fauxpas lachend im Vortrag innehalten und sagen:

«Entschuldigung, aber diesen Versprecher muß ich mir kurz notieren!»

Der souveräne Umgang mit einem Versprecher entscheidet, wie schlimm er wirklich wirkt.

Die sachliche Korrektur

Wenn die Gesprächskultur sehr sachlich ist, Sie allerdings diese Sachlichkeit nicht durch ein Lachen oder andere Kommentierungen stören möchten, so bietet sich an, eine sachliche Korrektur vorzunehmen.

Versprecher *wiederholen*? Nein!

Jedes Wiederholen des Versprechers verankert ihn doppelt beim Publikum. Und so gut kann auch der lustigste Versprecher nicht sein.

Zwei Varianten:

1. Variante (Gerichtsszene):

Richter:

«... Angeklagter, Sie haben den Mord, ... *das Wort!* Bitte führen Sie nochmals detailliert aus, wo Sie sich zum fraglichen Zeitpunkt befanden und ...»

Sie sehen, im konstruierten Beispiel geht der Richter locker über den Versprecher weg, thematisiert ihn weder selbst durch Wiederholung, das Wort «Entschuldigung» oder ähnliche Aufmerksamkeiten.

2. Variante (Plenumsvortrag):
Vortragender:
«Wir Menschen sind die Krone der Erschöpfung, Entschuldigung, Schöpfung. Wir sind, ich wiederhole es nochmal: die Krone der Schöpfung!»

Das Lachen des Publikums werden Sie allerdings nicht immer verhindern können.

Jetzt kann es Ihnen aber im Gespräch auch passieren, daß einer Ihrer Gesprächspartner auf dem von Ihnen gemachten Versprecher belustigend für die Runde «herumreitet» und ihn noch einmal oder mehrfach wiederholt. Es ärgert Sie, denn sie hatten Ihren Lapsus sachlich korrigiert. Was tun?

Kommentieren Sie dann einfach dieses ungebührliche Verhalten beispielsweise so:

«Schön, daß ein kleiner Versprecher bei Ihnen eine große Heiterkeit auslösen kann. Aber gehen wir bitte jetzt wieder zu wesentlichen Punkten über ...!»

Nicht auf den Mund, aber auf den Kopf gefallen ...
Vorsicht vor folgenden oder ähnlichen Tips im Umgang mit Versprechern:

Verbal-Selbstmord Nr. 1:
Vortragssituation, ein Satz ist vollkommen mißlungen.
Hier nun der scheinbar schlagfertige Tip:

> «Sie haben bemerkt, der Satz hatte grammatikalische Schwachpunkte. Wer kann den Satz richtig vollenden?» (Und jetzt schauen Sie sich wie ein Lehrer prüfend im Publikum um und deuten auf eine Person.) «Ah, wie wär's mit Frau Kaiser?»
> (Pöhm, S. 55)

Das ist *Unfug im Quadrat!*

Wer auf diese Weise sein Publikum adressiert, der bekommt das Image des Oberlehrers – arrogant, selbstherrlich, selbstverliebt – verpaßt, aber damit nicht genug.

Sie werden bei solchen Reaktionen eine irritierte und verstörte «Frau Kaiser» erleben, die sprachlos ist. Und das Publikum wird sich ganz schnell mit dieser Dame identifizieren und Mitleid haben, daß sie so *bloßgestellt* wurde.

Sie haben dann zwar ihren Fehler korrigiert, aber den Kontakt zum Publikum abgebrochen.

Operation gelungen, Patient tot.

Ein toller Erfolg.

Verbal-Selbstmord Nr. 2:

> Übersteigern Sie ihren Fehler, machen Sie ihn zum Gag. Hören Sie beispielsweise, was aus folgendem Versprecher wird: «Der Anhufbeantworter, äh, ich meine Anschubbeantworter, nein Anschlußbeantworter – Sie verstehen mich schon ...»
> (Pöhm, S. 55)

Versprecher sind ungewollte Fehler, und so sollten wir diese auch behandeln.

Wer aber aus dieser «Not eine Tugend» macht, der stellt sich selber ins schlechte Licht. Mit Humor hat es wenig zu tun, es ist höchstens ein sehr schwarzer Humor, wenn der Redner bewußt weitere Fehler nachschieben soll.

Welchen Eindruck haben wir dann als Publikum? Den Eindruck, daß der Vortragende nun *Mitleid* verdient, nachdem er sich ja nun so hoffnungslos vergaloppiert hat ... und es selber nicht mehr auflösen kann.

Und Mitleid ist keine Sympathie.

Abgesehen davon aber: das *Wörtchen «äh»*, hier sogar in beiden Beispielen scheinbar empfohlen, ist keineswegs ein Zeichen sprachlicher Kompetenz, sondern ein Stigma verbalen Unvermögens.

Wenn der Autor meint, durch diese Tips der *Selbstironie* seinen Lesern Empfehlungen an die Hand geben zu können, sich selbst in kunstvoller Weise verbal durch den Kakao ziehen zu können, so daß er anschließend dem Publikum immer noch schmeckt, dann unterliegt er einem gravierenden Denkfehler. Hier tunkt er sich selbst mehrfach nach.

Unsere Bitte deshalb an Sie:
Welche Tips Ihnen auch immer gegeben werden, überprüfen Sie bitte die möglichen Konsequenzen.
Wer hier nur solche Techniken *scheinbarer* Schlagfertigkeit unkritisch aufnimmt, der wird ein geistiger Handwerker bleiben.
Ihr Ansatz, unser Ansatz ist deshalb ein anderer:
1. Schritt: Sensibilität für Kommunikationssituationen entwickeln.
2. Schritt: Techniken im Kopf «rastern».
3. Schritt: Techniken überprüfen.
4. Schritt: Techniken gezielt einsetzen.

Nur so erreichen Sie eine kommunikative Intelligenz, aus der Schlagfertigkeit als Ergebnis erwächst!

Verbale Inkompetenz-Erklärungen – Schluß damit!

Sprachliche Ungenauigkeit ist natürlich, anderseits erfordert Kommunikationstraining zugleich eine Überprüfung dessen, was wir wie wann mit welchen Worten sagen.

> Persönliches Standing erfordert zugleich ein normales Maß an Sprachhygiene.

Wir stellen natürlich auch an uns hohe Erwartungen, möchten den Gesprächspartnern anderseits Rechnung tragen. Kein Wunder, daß wir dann Füllwörter, Phrasen und Weichmacher verwenden, die unseren Aussagen ein «Hintertürchen» offenlassen.

Doch damit gestalten wir unsere Botschaften zugleich sehr schwammig und frustrieren alle jene, die eine klare Orientierung erwarten.

Sicherlich hat aber auch gerade der *kooperative Führungsstil* hier die Sargnägel für klare und orientierende Formulierungskunst eingeschlagen, denn das Bemühen um emanzipative Weichheit endete in der *Weichmacherei.* Schwammigkeit statt klarer Orientierung, so lautet das Ergebnis des Werfens mit verbalen Wattebäuschen.

Verbale Unentschlossenheit gerät sehr schnell zu einem Persönlichkeitsmerkmal, das wir nur zögerlich – wenn überhaupt – korrigieren wollen. Doch es ist letztlich Ihre Entscheidung.

Tröstlich jedoch ist, daß selbst bei permanenter Kontrolle die Phrasen und Floskeln wie Unkraut gedeihen, gleichsam in Opposition gegen Sie als Gärtner im Garten Ihrer kommunikativen Gestaltung.

Bitte hüten Sie sich aus den dargelegten Gründen vor *folgenden kommunikativen und sprachlichen Unzulänglichkeits- oder Unzuständig-*

keitserklärungen, geistigen Bankrottphrasen und butterweichen Inkompetenzbeweisen.

Entpersonalisierte und «man»-Botschaften

Dies sind Formulierungen, die Sie daran hindern, sich beim Gesprächspartner nachhaltig zu verankern. Dort, wo Sie sich sprachlich ins Spiel bringen sollten.

«Diese Informationen *lassen sich* bei näherem Hinsehen als … bewerten», «*Man* sollte genau hier den Ansatz für die Marketingstrategie wählen». Diese und ähnliche Formulierungen kennen Sie aus bisherigen Gesprächen zur Genüge.

Man-Botschaften sind anonymisierende Kommunikationskiller, unnütze Ausflüchte und ungeeignet zur persönlichen Stellungnahme. Als Sprachmarotte sind sie beziehungslose Ausdrucksmuster.

Oder wir verwenden sie (auch nicht besser!), weil wir etwas durch die Blume dem anderen zu verstehen geben wollen, beispielsweise in konfliktären Situationen.

Streichen Sie diese!

Geeignet sind Ich- oder Du- oder Wir-Botschaften.

Ich-Botschaften übermitteln konfliktlösende Friedensangebote und verbalisieren persönliche Anteilnahme und Gefühle, emotionalisieren das Gespräch. Prägnant, verständlich und zugleich einfach können sie zugleich auch auf eine sehr sanfte Weise konfrontieren.

Du-Botschaften sollten grundsätzlich nur Auftrags- oder Aufforderungscharakter haben. Andernfalls sind sie schnell massiv fordernd, (Rat-)Schläge für den anderen, stellen den Adressaten in die Verantwortung und provozieren auf diese Weise sehr schnell zur Rechtfertigung bzw. Verteidigung.

Wir-Botschaften sind verbale Solidaritätsbekundungen, indem sie Gemeinsamkeiten unterstreichen oder hervorheben – zugleich aber vermitteln sie auch sehr schnell ein «Sich-Anbiedern». Im Spagat zwischen der Flucht aus Ich-Botschaften und sprachlichen Nebelgranaten können diese zugleich einen Verlust von «Authentisch-Sein» nach sich ziehen. Deshalb: *Sagen Sie ich, wenn Sie ich meinen und wenn es um Ihre Kompetenz geht!*

Paradoxe Interventionen und «Nicht-Botschaften»

Dies sind Aussagen, die genau gegenteilig beim Gegenüber ankommen und das Ziel in weite Ferne verschwinden lassen, es sei denn: Sie sind aus der Werbung oder provozieren bewußt.

Kennen Sie die Situation, wo der Chef zum Angestellten sagt: «Bitte nehmen Sie es nicht persönlich, aber ...» – ein Holzhammer, auch wenn der Mitarbeiter den Kopf schüttelt und stotternd sagt: «Nenen-eiinn, biinn ja Profi!»

«Bitte regen Sie sich nicht auf!», «Nehmen Sie es mir nicht krumm!» – solche Nicht-Botschaften sind geeignet, den Gesprächspartner genau so zu frustrieren, wie Sie es (eigentlich!) nicht möchten.

Ein anderes Beispiel demonstriert Ihnen warum:

Denken Sie nicht an blau!

– was, Sie dachten gerade an rot? Toll, aber unmöglich. Unser Gehirn kann nämlich *Nicht-Botschaften* nicht annehmen. Es muß erst blau denken, damit es dann weiß, was es nicht zu denken hat. Also schicke wir unsere Gesprächsteilnehmer mit solchen Redewendungen genau verkehrt in die Einbahnstraße hinein.

Und deshalb gibt es immer wieder Leute, die wundern sich, daß Ihre Gegenüber auf einmal so komisch reagieren, wenn sie doch sagen: «Jetzt regen Sie sich aber nicht auf!»

Ihnen wird das nicht wieder passieren, ach herrje, eine Nicht-Botschaft. Sorry, vermeiden Sie also solche Formulierungen, sagen Sie direkt, was sie wollen (und nicht, was nicht!).

Ähnliche sprachliche Verwirrspiele lassen sich locker durch paradoxe Interventionen gestalten.

Dabei sprechen wir Appelle aus oder geben Tips, die für den anderen unmöglich zu befolgen sind.

Eine Demonstration:

> Legen Sie einmal spontan dieses hervorragende Buch zur Seite, auch wenn es Ihnen schwerfällt.

Danke. Ihr Problem ist nur, daß es nicht «spontan» war. Denn spontan kann nur sein, was keinen Aufforderungsimpetus hat.

Also streichen Sie bitte in Zukunft alle diese Aussagen, die Ihr Gegenüber nur verwirren, wie beispielsweise «Sei doch einmal locker!» – es hilft Ihrem Gesprächspartner nur, den falschen Zug, in die falsche Richtung zu besteigen. Und dann dreht sich alles um das Wörtchen «Bahnhof».

Relativierende Worthülsen («Verbal-Pölsterchen»)

> Dies sind Formulierungen, die das Faktisch-Werden und -Sein, die Umsetzung einer Aussage oder auch die getroffene Perspektive in Frage stellen.

«*Eigentlich* kann ja nichts schiefgehen», «Wir sind *wahrscheinlich* in der Lage», «*Vielleicht* könnte das Herr Müller in die Hand nehmen» – diese Formulierungen brechen der Aussage die Spitze ab, relativieren sie zu einer *Null-Aussage.*

Überall dort wo Sie prägnant und konkret etwas ansprechen wollen, gefährden diese *Verbal-Pölsterchen* Ihren Appell, sind sogar kontraproduktiv hinsichtlich einer Weisung.

Worte wie «vielleicht» sind «Visitenkarten der Hoffnung» (aus: «Fliegende Blätter»), «ein schlauer Krebs, der vorwärts und rückwärts gehen kann» (anonym), oder wie es Ludwig Marcuse formuliert hat:

«Eine prekäre Position auf der Grenze zwischen leichtsinniger Gewißheit und verzagtem Unglauben.»

Schluß damit! Sprechen Sie das Gewünschte aus, sprechen Sie Forderungen an, demonstrieren Sie verbale Klarheit und Gradlinigkeit.

Deshalb: *Streichen* Sie «eigentlich», «vielleicht», «eventuell», «einigermaßen», «möglicherweise» und ähnliche Verbal-Pölsterchen. Zumindest dort, wo Sie Kompetenz und Standing sowie persönliche Durchsetzungsfähigkeit auch sprachlich demonstrieren wollen.

Dazu gehören übrigens auch die *Konjunktiv-Aussagen* wie «Es *könnte* sein», «Wir *würden* gerne», «Man *sollte* berücksichtigen».

Können Sie oder nicht? Wollen sie oder nicht? Berücksichtigen Sie oder nicht?

Wenn nicht, nicht schlimm – aber entscheiden Sie sich.

Glaubenssätze als Ausdruck der Inkompetenz

Diese gehören in die Kirche, aber demonstrieren keine Kompetenz. Es sind Aussagen, die auf dem Prinzip Hoffnung beruhen und deren Sprecher dem Zufallsgenerator der Geschichte vertraut.

«Ich *denke*, wir werden einen hervorragenden Umsatz erzielen», sagte der Unternehmer, bevor er die Zahlen verstand.

«Ich glaube, daß das Volk gerade nun ...», sagte der designierte Kanzler, bevor er mit den Bürgern sprach.

Aussagen wie diese sind *verbale Hoffnungsträger*, die dem kompetenten Wissen und der tiefen Überzeugung hinterherstolpern.

Streichen Sie diese, wenn Sie Ihre Kompetenz unter Beweis stellen.

Formulieren Sie Ihre faktengestützte Meinung. «Ich weiß», «Das Volk bestätigt uns» – es sind Aussagen, die Überzeugung demonstrieren.

Wollen Sie diese Meinungen trotzdem als subjektiv deklarieren, so formulieren Sie den kritischen Punkt als *rhetorische Frage*, die Sie deshalb auch selber beantworten: «Was aber bedeutet dies für uns? Es bedeutet für uns ...»

Möglichkeitsansagen als Voraussagen

Dies sind Kaffeesatz-Lesereien, die Ihren Gesprächspartnern aufzeigen, daß Sie sich ohne Einfluß sehen.

«Es bestände die Möglichkeit», «Es wäre durchaus möglich und zugleich denkbar» – derjenige, der solche Aussagen macht, stellt an diesem Punkt seine Kompetenz ins verbale Aus. Kein Einfluß, keine Chance, kein eigenes Zutrauen. Schicksalhaft und ergeben deklarieren diese Formulierungen ein banges Hoffen auf das Schicksal und einen zaghaften und zögerlichen Blick in die Glaskugel.

Hier outen sich Wesen, die Ihr Geld im «Handumdrehen» verdienen und sich zugleich als Wesen betätigen, die morgen verraten, daß die Dinge, die gestern noch möglich waren, heute kaum noch eintreten können.

Ähnlich das *«Wir versuchen»*, und der Zuhörer resümiert seufzend: «Schade, daß Sie es nicht schaffen!»

Passivformulierungen in Kernaussagen

Dies sind Ersatzformeln für ein mangelndes Selbstbewußtsein.

«Es wurde also festgestellt», ja, aber nicht vom Sprecher. «Es wurde bereits auffallend deutlich» – ja, aber wem denn?

Streichen Sie in Kernaussagen und Kernbotschaften diese sprachlichen *Unbestimmtheiten.*

Wer nicht die Aktiv-Formulierung wählt, der sollte am besten in Kernaussagen schweigen, denn ansonsten produziert er anonyme Botschaften ohne Adressaten und Absender.

Ersatzformulierungen wie «Ich stelle fest: …!» positionieren Sie und den Gesprächspartner.

(Geographische) Sprachmarotten

Diese sind uns allen eigen. Und: «Perfektion schafft Aggression», wie Rolf Ruhleder zu sagen pflegt. Aber es lohnt sich, immer wieder daran zu arbeiten.

Trainer neigen dazu, permanent «beispielsweise» zu benutzen, Sie können davon eine ellenlange Strichliste produzieren.

Berater verlieren sich und Ihre Aussagen durch das «Ich sach mal» – ohne daß es ein Daherreden sein soll (und doch drängt sich manchmal der Eindruck auf).

Hannoveraner – ich gebe es zu! K.B. – haben das «nä/ne» kultiviert, Wuppertaler das «woll?!».
Nun gut, oder besser: gar nicht gut!
Streichen.
Na, wenigstens ab und zu, okay?

Verbale Inkompetenz- und Bankrott-Erklärungen

Dies sind Floskeln, die das Gegenüber in einen Schlafzustand versetzen und ihn zum (hoffentlich!) sequentiellen, vorübergehenden Abschalten motivieren.

«Wir hatten es bereits erwähnt, …» – Achtung, es kommt nichts Neues.

«*Eigentlich* muß ich es *nicht ansprechen*, aber …!» – warum tut er es dann?!

«Mein Vortrag ist *nur partiell* geeignet, …» – und warum tut er uns dann den ganzen an?

«Sie wissen *längst,* ...» – Entschuldigung, aber ich wollte News hören und keine Wiederholungssendung anschauen.

Entweder haben Ihre Aussagen einen Gültigkeitsanspruch, oder Sie sollten diese *streichen.*

Hier erklären Sie Ihre Botschaften ansonsten zur *Null-Information.*

Anders zu bewerten sind die *suggestiven Konsensformulierungen,* die den Gesprächspartner statt zu einem Nickerchen zu einem Nicken einladen: «Sie wissen, ...!», «Jeder hier im Saal hat bereits ...». Motivierte Zustimmung, Konsens herbeigeführt.

Zwei Beispiele

Es folgt zur weiteren Ausmalung ein satirischer und bissiger Appendix, der die vorher gemachten Aussagen bei unseren geliebten Politikern festmacht – oder warum sonst sollte Roger de Weck in «Die Zeit» den neuen Bundeskanzler als «Mister Ungefähr» bezeichnen?

«Ich will diese Auseinandersetzung sehr persönlich führen!»

Helmut Kohl zum Wahlk(r)ampf mit Gerhard Schröder, den dieser bei der Bundestagswahl am 27. September 1998 mit seiner Rot-Grün-Koalition gewann.

Aber, wenn nicht Helmut Kohl diese Auseinandersetzung sehr *persönlich* führen wollte, wer dann?

Wir hatten uns deshalb einmal gefragt, was denn Kanzler und Gegenkanidat *vor der Wahl persönlich* in Sachen Rhetorik, Körpersprache und Auftreten in die Waagschale zu werfen hatten.

Dieses Exposé entstand vor der Wahl!

Wertungskriterium Outfit (1. Eindruck):

Kohl: Er gilt bereits vielfach als «Geschichte in Hosenträgern» – grau in grau gekleidet, nur selten mit Farbtupfern. Neuerdings aber mit modischen Tendenzen: Slipper, sogar farbig-kontrastrierte Krawatten. Gestylter «elder statesman» ohne grellen Vertreterimpetus.

Schröder: Bevorzugte herbstliche Farben, ebenso konventionell, taut aber im kleineren Kreis auf: gelockerte Krawatte, abgelegtes Jackett. Markanter persönlicher Stil fehlt. Versucht sich zunehmend mit Manager-Imaging, dunkel-seriös.

Wertungskriterium Körpersprache:

Kohl fühlt sich sichtbar in der Distanz wohl, bietet Gesprächspartnern nur selten (herablassend) Nähe an; auffallend dominant in Machtgestik (Zeigefinger statt offene Hand), dominiert durch ritualisierte Signale – «dirigiert» beispielsweise Parteifreunde und Staatsgäste unter massivem Einsatz des Körpers. Spielt dabei bewußt einschüchternd Körpergröße aus, beansprucht hierarchiebewußt in Gruppen die «pole position» (sinnbildlich das Wahlplakat «keep Kohl», wo ein Elefant im Wolfgangsee abgebildet ist). Und dort ist der bernsteinfarbene Blickkontakt, fokussierend und durchdringend, schade, daß die Kassenbrille häufig stört(e).

Schröder wirkt verhalten und nur gezwungen selbstbewußt, zögerlich im nonverbalen Kontakt, scheint immer erst einmal warm werden zu müssen. Ohne Platzhirsch-Attitüde, sein Pontifex-maximus-Gebaren bei Großveranstaltungen bröckelt, wenn er vom Mikrofon wegtritt. Noch fehlt ihm nachweisbar der Erfolg, der den Sieger mental positioniert. Nur im vertrauten Kreis überwindet er manchmal die Intimdistanzzone (fällt ihm selbst auf Fotos mit seiner Mutter schwer!). Sichtbares, aber dann im privaten Kreis zur Schau gestellte Machtinsignie: dicke Zigarre. Sein Blickkontakt ist klar, aber nicht zwingend, nicht so sehr auf Dominanz angelegt und für Gesprächspartner einnehmender.

Wertungskriterium Rhetorik – Reden – Ansprachen:

Kohl lebt sprachliche «Siegerdominanz» vor, verwendet fordernde, zugleich behäbige farblose Ausdrucksweise (*«restricted code»*), kultiviert sehr persönliche, bewertende Sprache («Ich ..., ich..., ich») zum ausgestreckten Zeigefinger gegen Opposition, Mitkämpfer, aber auch den Bürger. Richtungsweisend, keinen Widerspruch duldend. Aber wir kennen seine Ziele und wissen um die Schritte dahin, auch wenn diese manchmal Stolpersteinen (Kohl: ein unsinkbares Floß, bei dem man auch mal im Wasser steht) gleichen. Emotionaler Wahlkampf? Nein, «einen solchen Stil würden die Wähler heute nicht mehr akzeptieren». «Bild am Sonntag» (BamS).

«Mr. Ungefähr» (R. de Weck) *Schröder* wählt eine solidarisierende, konsensorientierte und zugleich bildhaftere Sprache, die durch kontrastreiche und polarisierende Wortwahl («Genossen-Bosse») besticht (*«elaborated code»*). Er schränkt seine Aussagekraft aber durch häufige Relativierungen ein (verbale Bankrotterklärungen: «glaube», «denke», «würde sagen»), gewinnt aber durch weichere und anheimelnde, wohlklingende Plattitüden («Innovationsoffensive», «arbeitsplatzrelevante Aktivitäten»). Peinlich sind nur die vielen Floskeln, die seine Aussagen begleiten: «Ich sage ehrlich/offen/persönlich» – ist er denn sonst nicht offen, ehrlich – und wenn er nicht persönlich spricht, als wessen Sprachrohr sieht er sich?

Publikumsansprache:

Kohl tut sich schwer, politische We(l/i)tsicht mit Bürgernähe und Volksalltag zu verknüpfen, er anonymisiert das bereits gespaltene deutsche «Wir»-Gefühl, seine Bürgerappelle verhallen, weil oftmals abgedroschen, er hämmert sprachlich «wabernde Bewegungslosigkeit» («Spiegel») einer politischen Stagnation entgegen. Erfrischende Redewendungen und sprachliche Vielfalt fehlen.

Schröder personifiziert die Adressaten seiner Kernbotschaften in ihrer beruflichen Situation (Handwerker, Facharbeiterinnen), emotionalisiert und zelebriert mit oftmals platten und anbiedernden Bewertungen («kluges Wahlvolk», «das Volk», «die Menschen» – kritisch gefragt: gehört er nicht dazu?!), vermittelt dennoch An-Sprache. Doch wenn er davon spricht, daß der «Staat an die Seite der Bürger» gehört, entlarvt Schröder seine rhetorischen Figuren und sein hierarchisches Grundverständnis: Die Bürger sind der Staat, so dokumentiert es das Grundgesetz. Beiden fehlen die überzeugenden und neuklingenden Botschaften, Schröder jedoch, so F. J. Raddatz zu dessen Leipzig-Rede: «... ist der größte Redner, der nichts zu sagen hat!»

Schlagfertige Reaktionen auf Zwischenrufe (Parlament, Wahlkampfveranstaltungen):

Kohl wirkte bis vor dem Sommerloch meistens getroffen, nervös. Neuerdings kontert er mit gewohntem Siegerlächeln und Kanzlerlockerheit (präsentierte lachend einen mit D-Fahnen bestückten Kohlkopf in Büsum), doch die resultierten bis vor zwei Monaten nicht aus der inneren Überzeugung. Es fehlte die Lockerheit desjenigen, der über der Sache steht, keine Witze, keine Jovialität. Das ist jetzt wieder anders, Kohl erfuhr sein bayrisches Tuning in der Landtagswahl.

Schröder entwaffnet hingegen nicht immer, aber immer öfter. Verteilt Schläge unter die persönliche wie politische Gürtellinie, doch fehlen ihm die eiskalten Konter (Reversibilitätsprinzip). Daß ihn spitze Bemerkungen beispielsweise eines Stoibers stärker treffen, als er sich anmerken lassen will, zeigen starre Gesichtszüge und daß er diese immer wieder ungefragt und rechtfertigend in Diskussionen anbringt.

Zuhören können (Interviews, Fragerunden):

Kohl meint, dies sei eine Zier, doch weiter kommt der Kanzler ohne ihr. Verrinnt doch wertvolle Zeit, zumal das «persönliche Kohl-Erlebnis» (Schäuble) doch im Selberhören besteht. Botschaft statt Ohrwurm, die Zeichen stehen auf Sendungsbewußtsein. Anders höchstens einmal gegenüber der «BamS», wo dann doch die Fragen besser den Antworten angepaßt hätten sein müssen.

Schröder hat aus publicityträchtigen Wahlkämpfen eines J.F. Kennedy oder Tony Blair gelernt, bedächtig «leiht er sein Ohr», ist sensibilisiert für die emotionale Befangenheit des Gegenübers, wiederholt

Kernpassagen (sog. «kontrollierter Dialog»), doch er hebt immer wieder auf zu diskutierende Modelle ab – wie wär's mit Entwürfen und klaren Positionen?

Zuhören kann meistens (leider) zur Zeit nur einer: Schröder. Hätte er doch bessere Antworten.

Wertungskriterium Dialektik – Umgang mit dem politischen Gegner:

Kohl war deutlich persönlich herausgefordert, disqualifizierte sich jedoch peinlichst durch persönliche Beleidigungen («charakterlosester Herausforderer»), hier fehlte ihm ein Geißler, der ihm diese Arbeit früher abnahm. Doch damit gewinnt man nur Mitleid, keine Sympathie. Wird zum «Filzpantoffel-Politiker» (F.J. Strauß). Doch die Marschparole hat sich seit dem Wolfgangsee geändert, «die beste Methode ist die Sachlichkeit!».

Schröder verstärkt nur noch diesen Auftritt («verbraucht», «ablösungsreif») und läßt Kohl einfach gegen sich selbst wirken. Doch eigenes Image ist eine leichtverderbliche Ware, zum alsbaldigen Verbrauch bestimmt und sicherlich auf Dauer kein Maßanzug, den man sich nach den Maßen durch die öffentlichen Meinung schneidern lassen kann. Wer sind Sie, Herr Schröder? Den Kanzler kennen wir.

Beispielhaft: Ein Fototermin bei K.R. Müller, der Photo-Porträtist fragt Schröder, was er ausdrücken möchte, was rüber kommen soll. Dieser sagt: «Du machst das schon.»

Früher waren Wortgefechte eines Wehner-Strauß-Schmidt wortgewaltiger. Und geistreicher. Germany: no point.

Umgang mit den Medien:

Kohl befürchtet von der «Medienmafia» (aus Hamburg) nur Nackenschläge und provoziert zugleich volle Breitseiten: «Herr Kohl?» – «Ich bin nicht der Herr Kohl für Sie!» – «Herr Dr. Kohl?» – wutentbrannt dreht *der Kanzler* ab. Schade, daß es ein Privatsender aus Köln war. «Totaler Einsatz» (Kohl über Kohl)? Nein, so führt man ein letztes

Gefecht. Hat er denn nicht gemerkt, daß sein Gegenspieler von den Medien, auch denen aus Hamburg, kaum noch profitiert?!

Schröder, anfangs Charming-boy der Medien mittels lässiger Inszenierungen und journalistischem Kaffeeklatsch-Gebaren, welches eine absichtliche Absichtslosigkeit (wu wei) aufweisen. Dem Wähler gefällt's, stören tut dieses amerikanisch-künstliche Gehabe nur den politischen Staatsschauspieler Kohl.

Öffentliche Meinung ist ver-öffentlichte Meinung, und hier teilt sich der Blätterwald. Kohl kennt man, Schröder wirkt stärker im journalistischen Stammtischgespräch.

Wertungskriterium Partnerschaft – die Frau an seiner Seite:

Kohl hält Hannelore auf Distanz, «man kennt sich», selbst beim Ball des Sports wird emotionslos getanzt. Keine vertraute Intimität, Ehealltag eines Politprofis. Besser aber allemal als eine Heile-Welt-Story der Clintons. Aber: Da war doch noch was?!

Schröder, von den Frauen bereits abgewählt («Drei Frauen können sich nicht irren!» – sinnhaftes Plakat der Jungen Union), demonstriert den Jungbrunnen des Frisch-verliebt-Seins, popularisiert seine Beziehungskiste Doris und schöpft Kraft auf dem Weg zu neuen Ufern. Gelebte Beziehung ist seine neue Domäne, Händchenhalten avanciert zum Schlüsselsymbol einer tiefer gehenden Sozialkompetenz («Ich will eine Stimmung erzielen, in der deutlich wird, daß jeder, der nicht gegen uns ist, für uns ist!»). Und dem «Spiegel» bestätigte er, «eine Lebenskrise, in dem Sinn, daß ich dachte, ich muß jetzt grundsätzlich etwas ändern», hätte es für ihn nicht gegeben – zum Fürchten, liebe (jetzige) Frau Schröder.

Fazit

Deutschland hat Schröder gewählt.

Und Wahlen sind die Rache des Bürgers für scheinbar verfehlte Wahlpolitik in der Entscheidung für das vermeintlich geringere Übel.

Werden wir also verbalen Inkompetenzerklärungen und Bankrott-Phrasen den Kampf ansagen, so werden diese zumindest in der Politik erhalten bleiben.

Doch bitte, haben Sie dafür Verständnis, denn Wahlredner wissen, daß alle Dinge zwei Seiten haben, man aber grundsätzlich für beide sein muß. Außerdem besteht nach Carlo Franchi der Wahlkampf aus der Kunst, nur das zu versprechen, was man nach der Wahl nicht halten muß.
Doch Veränderungen in dieser Hinsicht sind verschwommene Halluzinationen, zu denen sich bei jeder Wahl die Mehrheit bekennt – auch wenn sie es anders wissen könnte.

Der rhetorisch-dialektische Handwerkskasten … ein Giftschrank kommunikativer Möglichkeiten

Sprachlosigkeit entsteht dort, wo Sie auf vorgegebene Gesprächsmuster einsteigen und sich dadurch in das Muster

Frage → Antwort
Vorwurf → Rechtfertigung

einlassen.

Im *Überblick* die wichtigsten Techniken, diese *Positionierungsfehler* zu vermeiden.

Höflichkeit gebietet es, Fragen zu beantworten,
Souveränität, nicht alle Fragen zuzulassen.

Variationen im Umgang mit Fragen

Fragen zu beantworten heißt, Fragen zu legitimieren.

Nicht jede Frage ist aber legitim, deshalb die wichtigsten Variationen im Umgang mit kritischen Fragen.

Die Variationsmuster entsprechen der bereits ausführlich dargestellten *4-W-Regel/3-T-Regel.*

Der ehemalige CDU-Spitzenmann Heiner Geißler hat auf Fragen nach Inkompetenz oder Umsetzungsschwächen grundsätzlich Fragen zurückgestellt, indem er antwortete: «Zunächst stellt sich doch erst einmal die Frage, was wir alles erreicht haben, wir haben 1. …, 2. …, 3. …, 4. …»

Journalisten hatten dadurch Schwierigkeiten, ihn zu den negativen Themen zu befragen und jeweils nur negative Aspekte herauszustreichen.

Anders hingegen ein Top-Manager der Wirtschaft, der auf dem «heißen Stuhl», einer ehemaligen RTL-Produktion, aufgrund des Beantwortens aller Fragen, ob sie nun sein Ressort betrafen oder nicht, vor laufender Kamera einen Kreislaufzusammenbruch bekam.

Was besser ist, brauchen wir hier nicht zu erläutern.

Weitere Profi-Tips im Umgang mit Fragen:

- Interpretieren Sie Fragen:
  - ➜ «Ihre Frage bezieht sich ja auf einen *anderen Aspekt* als den angesprochenen …!»
  - ➜ «Mit Ihrer Frage möchten Sie ja eine ganz gezielte *Information abgreifen*, nämlich …»
  - ➜ «Sie stellen diese Frage natürlich mit dem Wunsch, eine Antwort zu erhalten, die …»

- Überhöhen Sie Fragen:
  - ➜ «Ihre Frage ist zwar wichtig, aber dahinter steht schließlich die *Kernfrage …*»
  - ➜ «Interessante Frage, aber die *wesentliche* Frage an dieser Stelle lautet …»
  - ➜ «Mit Ihrer Frage kommen Sie auf einen Teilaspekt unserer Diskussion zu sprechen, aber die *weiterführende* Frage muß lauten …»

- Begrenzen Sie Fragen durch Themenfokussierung:
  - ➜ «Ihre Frage trifft *nicht* unser *Thema*, da wir …»
  - ➜ «Diese Frage geht *über* unser *Kernthema hinaus*, denn …»
  - ➜ «Leider sprengt Ihre Frage unser *Thema*. Wir hatten *festgelegt …*»

- Ersetzen Sie Fragen:
  - ➜ «Die Frage streift unser Thema nur, die *richtige Frage* an die Runde muß daher lauten ...»
  - ➜ «Diese Frage stellt sich überhaupt nicht, hingegen müssen wir sie *durch die Frage ... ersetzen.*»
  - ➜ «Das ist die falsche Frage. Richtiger Weise hätten Sie fragen müssen ...!»

- Konkretisieren Sie Fragen:
  - ➜ «Die von Ihnen gestellte Frage muß *präziser* gefaßt werden, nämlich: ...!»
  - ➜ «*Konkretisieren* Sie bitte Ihre Frage, worum geht es Ihnen?»
  - ➜ «Eine sehr *allgemeine* Frage, bitte formulieren Sie genau, worum es Ihnen geht!»

- Engen Sie Fragen durch Definitionen und Begrifflichkeit terminologisch ein:
  - ➜ «Um Ihrer Frage gerecht zu werden, bitte ich Sie zu erläutern, wie Sie «Gewissen» *definieren* ...»
  - ➜ «Gerne gehe ich auf Ihre Frage ein, allerdings ist mir der moralische Begriff «Verantwortung», mit dem Sie unser Tun hinterfragen, zu ungenau. Welche Verantwortung *sprechen Sie an?*»
  - ➜ «Soziale Gerechtigkeit ist eine sehr strapazierte Floskel, zur Klärung Ihrer Frage benötige ich eine *präzisere Umschreibung* ...»

- Bewerten Sie Fragen:
  - ➜ «Sorry, aber diese Frage stellen *sich unsere Kunden nicht.* Unsere Kunden ...!»
  - ➜ «Ihre Frage zeigt einen *logischen Denkfehler* im Ansatz auf, nämlich daß ...!»
  - ➜ «Die Frage krankt am Ansatz, Sie wissen, daß ...»
  - ➜ «Diese Frage bringt uns überhaupt nicht weiter, deshalb ...!»

- Theoretisieren Sie Fragen:
  - ➜ «Sehr *theoretisch* diese Frage, aus der Praxis heraus muß ich Ihnen leider sagen ...»
  - ➜ «Hinter Ihrer Frage steckt eine *Grundphilosophie*, nämlich ...!»
  - ➜ «*Einfache* Frage, aber zu einfach für diese komplexe Fragestellung ...»
  - ➜ «Diese Frage ist zu abstrakt, als daß Sie damit an den Kern unserer Lösung ...»

- Adressieren Sie Fragen neu:
  - ➜ «Wichtige Frage, allerdings eine Frage, die Sie dem *Geschäftsführer* stellen müssen.»
  - ➜ «Zweifelsfrei eine Frage, die ich Ihnen nicht beantworten kann, da für dieses Segment der *Marketingvorstand* festgelegt hat ...»
  - ➜ «Wenn Ihnen diese Frage als beantwortbar erscheint, dann geben *Sie* doch bitte direkt die Antwort!»

- Decken Sie bei Fragen Intentionen/Absichten auf:
  - ➜ «Ihre Frage zeigt deutlich eine *bestimmte Denke* auf, nämlich daß ...!»
  - ➜ «Damit *bezwecken* Sie ja nur ...!»
  - ➜ «Endlich *demaskiert* Sie diese Frage ...!»
  - ➜ «Was beabsichtigen Sie mit dieser herablassenden Frage?»

- Ordnen Sie Fragen im Kontext ein:
  - ➜ «Diese Frage *bezieht sich auf das*, was wir bereits gemeinsam verabschiedet hatten ...»
  - ➜ «Sie stellen wiederholt in *anderen Formulierungen* dieselbe Frage. Diese hatten wir bereits beantwortet. Nochmals: ...!»
  - ➜ «Sie kennen den Tagungsgegenstand, bitte stellen Sie konkrete Fragen zum Thema.»

- Konterkarieren Sie Fragen, indem Sie diese zurückstellen:
  ➜ «*Bevor* wir detailliert auf das eingehen, was unsere Partei nicht geschafft hat, hier einmal unsere Erfolgsstory zum Thema Arbeitsplätze. Wir haben … und haben … und haben …!»
  ➜ «Lassen Sie uns *vorweg* einmal den *Kontext ausleuchten*, indem diese Frage überhaupt Sinn macht: …!»
  ➜ «Ihre Frage deckt nur einen Aspekt der komplexen Strategie unseres Unternehmens ab, deshalb zunächst einmal die *Gesamt*strategie: …»

- Streichen Sie die Inkompetenz des Fragestellers heraus:
  ➜ «Als *Projektmanager* müßten Sie wissen, daß die Frage …»
  ➜ «Eine *laienhaft formulierte* Frage, denn …»
  ➜ «Diese Frage wollen Sie doch *nicht allen Ernstes* stellen, denn Sie wissen doch …»

Jede Frage ist dadurch legitimiert, daß Sie diese annehmen.

Insistieren Sie bei Ihren eigenen Fragen

Aus journalistischer Praxis heraus, genauso aber auch aus vielen Gesprächsrunden kennen wir die Situation, daß Ihr Gesprächspartner vor der von Ihnen gestellten Frage *«kneift»*.

Profi-Tips, um die Frage doch durchzubringen:

- Unterbrechen Sie den ausweichenden Gesprächspartner direkt und konsequent, *wiederholen Sie Ihre Frage wörtlich:*
  ➜ «Entschuldigung, aber meine Frage lautete: …»
  ➜ «Das war nicht die Frage, diese lautete: …»

- *Sprechen Sie* Ihren Dialogpartner auf *sein Ausweichen an:*
  ➜ «Warum weichen Sie der Frage aus?»
  Durch die erweiterte Frage bauen Sie Gesprächsdruck auf.
  ➜ «Bitte beantworten Sie meine Frage!»
  ➜ «Entschuldigung, aber das beantwortet nicht die gestellte Frage!»

Nomen est omen: die Namensanrede

Ein alter Trick, Leute auf die Palme zu bringen, besteht in der *gezielten Ansprache mit verdrehtem oder inkorrektem Namen.*

- *Wiederholen* Sie Ihren Namen mit einem netten Lächeln:
  ➜ «Bredemeier. Karsten Bredemeier.»

- Wird der Name *trotzdem falsch wiederholt,* lassen Sie ihn einfach stehen. Kommentieren Sie es nicht, ignorieren Sie es einfach.

Unterstellungen und Falschaussagen

Diese sind ein beliebtes Mittel, Gesprächsdruck aufzubauen.

Bitte *korrigieren Sie diese direkt und konsequent,* in einem wichtigen Gespräch bauen sich ansonsten Altlasten auf, die Sie im nachhinein kaum oder nur mangelhaft ausräumen können.

> Die Höflichkeit gebietet es, den Gesprächspartner ausreden zu lassen, Souveränität und Konsequenz, Unterstellungen und Falschaussagen nicht im Raum stehen zu lassen.

Spindoctoring: die Rede mit dem Bleeper

Sprachlosigkeit entsteht dort, wo wir blitzschnell auf Einwürfe oder Zwischenrufe reagieren müssen. Ein Ausblick auf die Zukunft.

Es ist Tradition. Gewesen.

Im englischen Parlament zu Westminster wurde bislang das Loblied auf die freie Rede gesungen.

Weder Spickzettel noch Notizkladde dürfen die Abgeordneten des Ober- und Unterhauses verwenden.

Entsprechend gross waren Überraschung und Empörung, als ein Wahlkampfmanager der Labour-Partei eine Zwischeninformation ablas – und das von einem sogenannten Bleeper, einem Kurznachrichtenempfänger, den man am Handgelenk tragen kann. Ein Gerät, das in Deutschland als eine Art Uhr auch von der Telekom angeboten wird.

Was war geschehen?

In der allwöchentlichen Fragestunde hatte ein Abgeordneter der Tories vom Regierungschef John Major eine umfassende Auskunft zur komplexen Lage der Versicherungswirtschaft abgefordert.

Dies verfolgten am Parlamentsfernsehen im nahegelegenen Wahlhauptquartier die Wahlmanager. Und reagierten in Windeseile.

Anstatt nun auf die Antwort zu warten, funkten sie kurzerhand über den Bleeper eine Nachricht an Wilson. Der Abgeordnete, so war dort abzulesen, sei Lobbyist der Versicherungsgesellschaften und somit voreingenommen.

Fertig war der Zwischenruf, den der Wahlkampfmanager dann abgab.

Der englische «Guardian» allerdings wies anschließend darauf hin, daß der Trick mit dem Bleeper nicht neu sei, schließlich würde dadurch Waffengleichheit geschaffen.

Denn Kabinettsmitgliedern stand im Gegensatz zu anderen Abgeordneten ein besonderer Info-Service zur Verfügung: Direkt hinter der Ministerbank befindet sich ein Raum, aus dem Beamte ihren Ministern elektronische Spickzettel liefern können.

Ob sich damit die Möglichkeit zu Zwischenrufen ändern wird?

Sicher. Doch ob sie spontaner und besser werden, sei dahin gestellt.

Wie und warum Spindoctors Rededuelle manipulieren

1984 tauchte der Begriff *Spindoctor* das erste Mal in der «New York Times» auf, 1995 verewigte ihn der Oxford Dictionary.

Ein Spindoctor ist demnach ein «politischer Sprecher, angestellt, um den Medien eine günstige Interpretation von Ereignissen zu vermitteln».

Den «spin» kennen wir aus dem Tischtennis oder Tennis als eine Art «angeschnittenen Ball», also einen Ball, der besonderen Drall/Effet hat.

Doch der Spindoctor hat den Raum des Politischen bereits verlassen. Er ist ein Gewächs der modernen Informationsgesellschaft, einer, der die Informationen im Dialog mit den Medien händelt.

So beispielsweise, als während der zweimal wöchentlichen verbalen Schlagattacken im Unterhaus, der Prime Minister´s Questiontime, ganz Britannien darauf wartete, daß der Labour-Herausforderer Tony Blair Regierungschef John Major zum Thema BSE und zu seiner Politik die Hucke vollhauen würde.

Doch Blair lief nicht zur Hochform auf, der befürchtete Schlagabtausch verlief im Sande. Die Fragen waren ohne den zu diesem Thema passenden Biß, langweilig und viel zu kompliziert, um damit Publikumswirksamkeit erheischen zu können.

Kein Wunder, daß einige Abgeordnete sogar auf den Hinterbänken enttäuscht aus Langeweile ein «boring, boring!» buhten.

Doch die Insider wußten, warum Blair diese Chance verstreichen ließ. Es war die Medienstrategie seines Spindoctors. Dieser, ein Mann namens Peter Mandelson, hatte seinen Boß zurückgepfiffen. Konsequente Langeweile war zur Parole des Tages erklärt worden.

Bloß keine Öffentlichkeitswirksamkeit, bloß keine Schlagzeilen für Presse, Funk und Fernsehen produzieren.

Denn am Morgen desselben Tages hatte Blair sein komplettes Wahlkampfprogramm präsentiert. Dieses, so war der feste Wille des Spindoctors, sollte die Radio- und Fernsehnachrichten am Abend und die Schlagzeilen der Printmedien des nächsten Tages dominieren. Dazu paßten keine weiteren News über Blair. Ein medienspektakuläres Rededuell hätte alles vermasseln können, das Programm hatte absolute Priorität.

Blair hielt sich an die Regieanweisungen, war im Rededuell waffen- und zahnlos – und bekam seine programmbezogenen Schlagzeilen. Ein publizistischer Volltreffer.

Der Spindoctor ist Regisseur, Mediendompteur und Redestratege in einer Person. Kein Wunder, daß ihn die Gegenseite, die Gegenpartei sehr häufig mehr fürchtet oder haßt als das eigentliche Aushängeschild, den Parteikandidaten oder Vorstandssprecher eines Unternehmens.

Der Spindoctor sorgt also dafür, daß die richtige Botschaft, der wichtigste Aussagepunkt optimal positioniert wird. Kein Rededuell, keine Pressekonferenz, die ohne den Marionettenhalter im Hintergrund abläuft.

Wie bei einem überzeugenden kulinarischen Gericht müssen alle Zutaten fein aufeinander abgestimmt sein, damit sich die geschmacklich höchste Wirkung entfalten kann. Das ist die Kunst des Spindoctors.

Mandelson sieht seine Tätigkeit sogar als eine Art Notwehr im publizistischen Kampf, seien doch die meisten Medien von der anderen Seite besonders beeinflußt und informieren daher nur aus sehr subjektiver Sicht. Gar als feindliche Akteure, die eigene politische Zwecke verfolgen, sieht er bestimmte Presse-, Funk- und Fernsehgesellschaften.

Doch die PR-Künste selber reichen nicht aus, wichtig ist ebenso, daß die Botschaft stimmig ist. Ähnlich wie es in bezug auf Manager ein alter Grundsatz beschreibt: «49 Prozent Fachwissen werden vorausgesetzt, 51% aber bestimmen das Auftreten!» Gut, mögen die Prozentsätze auch überholt sein, stimmig jedenfalls ist die Grundaussage.

Spindoctors planen die Medienereignisse, bei Managern situationsbezogen, bei Politikern, vor allem in Wahlkampfphasen, tageweise. Dazu gehört nicht nur, welche Argumente die Gegenseite vorbringen wird, sondern auch, wie man ein Yin-Yang auf der emotionalen Klaviatur spielt.

Klar, daß jede Information und jede Argumentation der eigenen Seite wie auch der Gegnerschaft analysiert und reflektiert werden. Notfalls sogar direkt konterkariert, denn Medien leben von der Reaktionszeit.

Und Spindoctors wissen, wie welche Medien wann ticken, welche Forderungen man an sie stellen kann, welchen Bedarf, oder wichtiger, welche Bedürfnisse sie haben. Sie erspüren die Eitelkeiten der Journalisten und Redakteure, paralysieren ihre hierarischen Strukturen. Kurzum: Sie kennen die Manipulationsansatzpunkte en detail.

Aber sie springen auch dem Journalisten zur Seite, erklären Zusammenhänge oder politisch-wirtschaftliche Mechanismen und deren Zusammenspiel. Barmherzig wie Samariter bieten sie Entscheidungs- und Interpretationshilfe an, ohne diese jedoch so zu nennen.

Zuckerbrot und Peitsche sind für sie nicht die Alternativen, sie beherrschen beides. Denn ihr Zugang zur Macht sichert ihnen die Macht im Umgang mit der Öffentlichkeit. Den sie dann unter Umständen auch illoyalen Medienvertretern abschneiden.

Für die *soundbites*, den Triumph des Auftretens gegenüber den Inhalten, machen deshalb die Spindoctors dieser Welt die Medien verantwortlich, diese hätten schließlich damit angefangen, indem sie die Auflagen zu steigern versuchten. Und sie haben recht.

Als Ende 1996 im Flaggschiffprogramm «TODAY» der BBC die Persönlichkeit des Jahres auf dem Sendekanal Radio 4 gesucht wurde, gingen Übereifrige aus Mandelsons Stab dazu über, per Fax Parteimitarbeiter aufzufordern, ihre Stimme für Blair abzugeben.

Auch wenn Peter Mandelson sich davon distanzierte, ein guter Spindoctor zieht auch dieses Register.

Parallelen bei Sendungen im deutschen oder schweizerischen Fernsehen oder Radio mit Zuschauerbefragungen sind beinahe an der Tagesordnung.

Wer heute glaubt, daß Zuschauerumfragen in Pro- und Contra-Sendungen wertfrei wiedergegeben werden, der träumt.

Wir haben ähnliche Veranstaltungen bereits bei Pharma-Unternehmen gegenüber Versammlungen und bei Medienauftritten begleitet, allerdings auch bei Versicherungskonzernen in bezug auf Moderation von Veränderungsprozessen.

Eine gut vorbereitete Sitzung von maximal einem halben Tag sorgt dafür, daß die geplante Session einen *roten Faden* erhält, der zugleich abgesichert ist gegen mögliche Störversuche und der Präsentation von Nebenthemen.

Improvisation bei diesen Events ist, wenn niemand die Vorbereitung merkt.

Was Sie daraus lernen sollten:
Bei jeder größeren Redegelegenheit oder schwierigen Verhandlungen, diffizilen Moderation oder komplexen Präsentation checken Sie bitte gegen:

- Welches Ziel verfolge ich mit der Veranstaltung?
  Hierbei gilt es abzuklären, ob Sie beispielsweise nur über ein Projekt referieren wollen oder ob Sie eine konkrete Abstimmung herbeiführen möchten.

- Was ist meine konkrete Kernbotschaft?
  Nun sollten Sie diese in einem Satz festschreiben und zugleich mit einer appellativen Aussage koppeln, die einfach, prägnant und unmißverständlich sein muß.

- Welche Target-Group/Ziel-Gruppe spreche ich an?
  Legen Sie bitte genau fest, wer Adressat Ihrer Kernbotschaft und der abgeleiteten Informationen ist. Unwahrscheinlich, daß Sie sich bei einer größeren Runde an alle richten müssen. Und selten ist eine Kernbotschaft ein Breitbandantibiotikum für alle Befindlichkeiten.

- Auf welche differenzierten Interessensgruppen stoßen Sie bei der Veranstaltung?
  Klären Sie bitte Primärmotive und Sekundärmotive, offen dargelegte und nicht kommunizierte ab. Checken Sie gegen, wer wie auf Ihre Botschaft und Ihr Ziel reagiert, wer es eventuell torpedieren oder gar boykottieren könnte.
  Überprüfen Sie, mit welchen Methoden, Techniken und Ausagen Sie diese unterschiedlichen Motivationen abfedern, außer Kraft setzen oder positiv verstärken.
  Detailgenauigkeit heißt im Ernstfall: Alle entkräftenden Argumente auf eventuelle Gegenargumente überprüfen und eine wasserdichte Argumentationskette aufbauen.
  Überlegen Sie, wer Opposition betreiben könnte oder Koalitionspartner wäre.

- Arbeiten Sie einen sauberen Einstieg aus.
  Dazu gehört auch die Überlegung, ob Sie bezüglich Zielsetzung alle Karten aufdecken oder sogar andere, für Sie untergeordnete Zielsetzung vorordnen, damit sich eventueller Widerstand dort festbeißt.
  Zielsetzung ist es natürlich, möglichst alle Beteiligten ins Boot zu holen, aber immer wieder werden Sie auf Betroffene stoßen, denen Sie es nicht recht machen können. Fokussieren Sie sich deshalb auf Ihre Kern-Zielgruppe.

- Checken Sie Ihre Glaubwürdigkeit, Authenzität und Ihr Standing.
  Fragen Sie sich, was Sie persönlich in die Waagschale zu werfen haben und welche Auswirkung dies hat.
  Was nimmt man Ihnen ab? Was macht Ihre Glaubwürdigkeit aus? Was erwartet man von Ihnen? Welchen «Ruf» haben Sie? Welches Image besitzen Sie? Wogegen müssen Sie ankämpfen? Hier empfiehlt es sich, auch einmal gewohnte und bekannte Wege zu verlassen und sich durch das Gebüsch der Veranstaltung zu schlagen.

- Nehmen Sie sich Zeit für das Erreichen Ihres Zieles.

- Viele Wege führen nach Rom, aber niemals gegen den Widerstand aller Beteiligten. Veranstaltungen sind in der Regel demokratisch besetzt, Regierungen gewählt. Und wo die Mehrheit bestimmt, können Sie sich in einem fairen Austausch die Mehrheit sichern.

- Häufig sind aber die Umstände widrig, fragen Sie sich, ob Sie trotzdem an dieser Stelle eine Zielsetzung postulieren oder ob Sie den Termin verschieben. Der kluge Mensch kennt den richtigen Zeitpunkt.

- Und wer sich auch bei einer turbulenten Auseinandersetzung die Zeit für eine überzeugende und souveräne Argumentation nimmt, der strahlt Sicherheit und Standing aus. Und nur so überzeugen Sie letztendlich.

Schlagfertiger Umgang mit «Killerphrasen» in Gesprächen, Konferenzen und Sitzungen

Wir kennen sie zur Genüge, diese Unkultur. In den allermeisten Sitzungen und Gesprächen werden «Reizformulierungen» verwendet, die die Gesprächstemperatur emotional zum Siedepunkt führen. Verbaltheater, das – ohne argumentativen Tiefgang – Gesprächsteilnehmer persönlich und emotional adressiert, Sachthemen kontaminiert und zu extrem ineffizienten Meetings führt. Und das vor dem Hintergrund, dass Manager im Schnitt, so aktuelle Befragungen, etwa 60 Geschäftstreffen im Monat ausgesetzt sind.

Natürlich hängt es jeweils von der Unternehmenskultur oder «-unkultur» ab, welchen Stellenwert diese Spielchen haben. Manchmal geht es nur darum, vom ungeliebten Thema abzulenken oder mangelnde Sachargumentation zu überspielen, manchmal aber auch darum, ungeliebte Gesprächspartner zu emotionalisieren und sie dadurch fachlich mit Verbalattacken ins «Aus» zu stellen.

Auch wenn Killerphrasen nicht immer in Mengen auftreten oder als Zeichen geistiger Unterernährung zu bewerten sind. Es gilt, diese Störungen oder Blockaden auf dem Weg zu erfolgreichen Sitzungsergebnissen, häufig nur als «Unsitte im Umgang miteinander» bezeichnet, direkt und konsequent anzusprechen – und diese somit zu beenden.

Auch wenn diese Killerphrasen *flüssig* vorgetragen werden, inhaltlich sind sie *über*flüssig!

Einerseits können wir natürlich diese Formulierungen kontern, indem wir dem destruktiven Gesprächspartner ein offenes und klares *Feedback* geben, also eine direkte und pointierte Rückmeldung zu seinem ungehobelten Gebaren, welches dreigeteilt ablaufen kann:

1. Was nehme *ich* in welcher Form und Konzentration wahr? Ist es ein Ausrutscher oder gängiges Verhalten? Ist es mir bereits öfter aufgefallen?
2. Wie wirkt es sich auf das Gespräch in fachlicher wie emotionaler Hinsicht aus? Wie wirkt es auf mich und was löst es aus? Inwieweit desavouiert es den weiteren Verlauf der Gespräche?
3. Welche sofortigen Veränderungen wünsche *ich mir?* Mit positivem Hinweis auf die laufenden Gespräche und die damit gekoppelte Gesprächskultur.

Anderseits hätten Sie die Möglichkeit, diese Reizformulierungen auszukontern, indem Sie einfach die Formulierungen ins Positive wenden und diese damit zwar keinesfalls ignorieren, aber zeigen, daß Sie damit umgehen können.

Hier gilt die Empfehlung: «Unrat muß beseitigt werden!» – anstatt: «Unrat soll man vorbeischwimmen lassen!»

Übung zum Umgang mit Killerphrasen

Im folgenden finden Sie über 40 Beispiele, die Sie ins Positive wenden können, mögliche Lösungen zu den ersten 10 Killerphrasen finden Sie am Schluß des Kapitels, diese gilt es nicht wortwörtlich zu übernehmen, aber sie gestatten Ihnen eine erste Orientierung.

Sie haben in den möglichen Antwortvorschlägen Umsetzungshinweise, diese Bankrotterklärungen in Meetings entweder ins Positive umzuwandeln – das hat den Vorteil, daß der Gesprächspartner eine höhere Klippe zu überwinden hat, wenn er destruktiv sein will – oder das angefangene Spiel hier zu beenden. Überdenken Sie die Hinweise und schauen Sie sich an, wo die Antworten in welcher Weise ansetzen.

Bitte formulieren Sie dabei zwei Vorschläge, wobei Vorschlag A die Person adressieren soll, Vorschlag B nur die Sache.

1. «Würden Sie vielleicht auch einmal konsequent und fachkompetent über die besprochene Thematik sprechen …?»
   A: ______________________________
   B: ______________________________

2. «Seien Sie doch ehrlich: Sie können hier schließlich nichts anderes als mir offensichtlich zugestehen und damit eingestehen, …»
   A: ______________________________
   B: ______________________________

3. «Tja, mein Lieber, ob Sie wollen oder nicht: Das müssen nun auch selbst Sie persönlich eingestehen …»
   A: ______________________________
   B: ______________________________

4. «Also liebe Frau Kollegin, Sie wollen doch nicht mit weiblicher Intuition vorgeben, …»
   A: ______________________________
   B: ______________________________

5. «Hey Müller, sind Sie wieder dabei, Leute an den Pranger zu stellen?»
   A: ______________________________
   B: ______________________________

6. «Wie können Sie ohne erhärtete Daten und Fakten eine solche infantile, inkompetente und notdürftig durchdachte Hypothese aufstellen …»
   A: ______________________________
   B: ______________________________

7. «Sie wollen mich nicht richtig verstanden haben? Haben Sie mir überhaupt in den letzten Minuten zugehört und folgen können? Oder wollen Sie mich etwa gar nicht verstehen?»
   A: ______________________________
   B: ______________________________

8. «O nein … – wir haben Ihnen nun bereits mehrfach – ehrlich gesagt: geduldig – erklärt , …»
A: ____
B: ____

9. «Sie fachliche Mimose, nun verteidigen Sie sich doch nicht immer …»
A: ____
B: ____

10. «Ha – ist doch offensichtlich, daß Sie einem folgenschweren, logischen Denkfehler unterliegen … – ich finde es mehr als peinlich …»
A: ____
B: ____

11. «Mensch, wenn Sie jetzt endlich ehrlich wären … vorausgesetzt, daß Sie das überhaupt können.»
A: ____
B: ____

12. «Als gebildeter Studierter wie auch als normaler Mensch weiß frau, …»
A: ____
B: ____

13. «Gekonnt, wie Sie mittlerweile schon wieder um den heißen Brei herumreden …..»
A: ____
B: ____

14. «Tst, das ist völlig abwegiger, inkompetenter Schwachsinn …»
A: ____
B: ____

15. «Wieder einmal praxisfremde Theorie. Oder bevorzugen Sie, schwach theoretisch anzufangen und dann bezüglich Praxis stark nachzulassen?»
A: ___
B: ___

16. «Sind Sie nebenberuflicher Holzfäller oder nur zufällig auf dem geistigen Holzweg gelandet, oder sehen Sie wieder den Wald wegen der Bäume nicht?»
A: ___
B: ___

17. «Typisch Frau, beide Augen zu und im intellektuellen Blindflug durch!»
A: ___
B: ___

18. «Mensch Schulze, sind Sie so naiv gestrickt, oder ist das Unbedarfte Ihre Masche?»
A: ___
B: ___

19. «Glückwunsch, aber erklären Sie mir mal eins: Wie kann eine Frau nur so diametral an der Realität vorbeidenken?»
A: ___
B: ___

20. «Käse!»/ «Quatsch!»/ «Tiefgründiger Schwachsinn!» / «Idiotisch!»
A: ___
B: ___

21. «Sie Karrierist sollten da besser genauer hinhören – oder sollen wir es Ihnen nochmals vorbeten?»
A: ___
B: ___

22. «Können Sie denn sich noch bei philosophischen Selbstgesprächen zuhören, oder klappt es noch nicht einmal dann?»
A: ___
B: ___

23. «Mann, sind Sie immer so destruktiv und kontraproduktiv?»
A: ___
B: ___

24. «Das ich nicht lache! Das wollen Sie uns ernsthaft mit treuem Augenaufschlag unterjubeln? Glauben Sie, wir sind hier auf der Kölner Karnevalsveranstaltung?»
A: ___
B: ___

25. «Müssen wir nun Ihrer – zugegeben – mittelmäßigen Intelligenz Rechnung tragen?»
A: ___
B: ___

26. «Nee, da haben mir ausgewiesene Fachleute kürzlich aber etwas ganz anderes gesagt ...»
A: ___
B: ___

27. «Ach, quatsch, oder glauben Sie Marketinganfänger, daß wir einer Gans die Füße plattkloppen können, um sie dann als getunte Ente zu verkaufen?»
A: ___
B: ___

28. «Von einem scheinbar hochgelobten und sogar graduierten Experten wie Ihnen hätte ich aber ganz etwas anderes erwarten wollen ...»
A: ___
B: ___

29. «Leiden Sie privat auch sehr unter diesen fixen Vorurteilen und Plattheiten?»
A: ______________________________
B: ______________________________

30. «Ist ja ein totaler, weil absoluter Wahnsinn, wie gutgläubig und zugleich kackfrech manche Berufseinsteiger sind ...»
A: ______________________________
B: ______________________________

31. «Entschuldigung, und das sollen wir als bare Münze nehmen!?»
A: ______________________________
B: ______________________________

32. «Ein Nullbeitrag! Oder anders formuliert: Soll es uns wieder zum – als geistiger Salto mortale – Diskussionsbeginn führen?»
A: ______________________________
B: ______________________________

33. «Tschuldigung, aber sind Ihre zahlreichen Sommersprossen die einzigen Gesichtspunkte, die Sie einbringen können?»
A: ______________________________
B: ______________________________

34. «Typisch Berater – ist der prunkvolle und fettgedruckte Briefkopf der einzige Kopf, den Sie benutzen?»
A: ______________________________
B: ______________________________

35. «Wann werden Sie die benötigte Lösung bringen, anstatt immer nur unser gemeinsames Problem zu sein?»
A: ______________________________
B: ______________________________

36. «Eine kreative Lösung haben Sie. Fehlt nur noch eine, die zu unserem besprochenen Problem paßt!»
A: ____________________
B: ____________________

37. «Gratulation, diese Dummheit mußten Sie auch erst noch langwierig erarbeiten!»
A: ____________________
B: ____________________

38. «Wenn es nicht solche Penner wie Sie gäbe, hätten die anderen ja gar keinen Erfolg!»
A: ____________________
B: ____________________

39. «Sie buchstabieren Team immer noch als Toll, ein anderer Macht's?»
A: ____________________
B: ____________________

40. «Fatale Strategie: Stehen Sie sich häufiger konsequent selber im Wege?»
A: ____________________
B: ____________________

41. «Müssen Sie sich meinen Kopf zerbrechen? Das ist nicht Ihr Job!»
A: ____________________
B: ____________________

42. «Im ewigwährenden Kampf der emanzipierten Geschlechter gibt es keine Kriegsdienstverweigerer, wie uns die Kollegin wieder einmal umständlicherweise demonstriert!»
A: ____________________
B: ____________________

43. «Pardon, (Kopfschütteln) – das ist mir weder die Sache noch Sie persönlich wert, daß ich Ihnen jetzt widerspreche!»
A: ______________________________
B: ______________________________

Mögliche Repliken:

Zu 1.
A: «Was soll das? Sie wissen, es war zur Sache!» – mit intensivem Blickkontakt.
B: «Das betrifft die Sache, fehlt Ihnen noch eine Information?!»

Zu 2.
A: «Weder muß ich (Pause!) noch kann ich Ihnen eingestehen ...!»
B: «Um der Sache willen: NEIN!» – eventuell Begründung nachschieben.

Zu 3.
A: «Ich gestehe immer persönlich ein, Sie etwa nicht? Jedoch aus sachlichen Gründen nicht hier, wie bereits erklärt!»
B: «Es ist falsch und wird auch durch Suggestion nicht besser!»

Zu 4.
A: «Ach, lieber Kollege, ich bin eine Frau, messerscharf erkannt, aber das ist hier nicht das Thema!»
B: «Ich stellte fest – kennen Sie den Unterschied?!»

Zu 5.
A: «Fühlen Sie sich schuldig, rechtfertigen müssen Sie sich aber nicht?» Genau das passiert nun.
B: «Was soll das?» – tiefer, intensiver Blick!

Zu 6.

A: «Ihr Spiel ist zu einfach, als daß wir es nicht durchschauen, haben Sie auch einen sachbezogenen Hinweis?»

B: «Ohne Fakten könnte ich das auch nicht, Gott sei Dank liegen diese vor. Und deshalb ist es keine These, sondern eine Feststellung.»

Zu 7.

A: «Richtig, ihre Beweisführung ist unlogisch!» – eventuell Beweisführung übernehmen.

B: «Bitte überprüfen Sie Ihre Argumentation noch einmal, …» (Hinweis auf Fehler).

Zu 8.

A: «Auch durch permanente Wiederholung wird der Sachverhalt nicht anders!»

B: «Lassen Sie uns bitte die Passage trotzdem noch einmal durchgehen, es hängt zu viel davon ab!»

Zu 9.

A: «Ich verbitte mir Ihre persönlichen Bemerkungen!»

B: «…genug der spitzen und zynischen Bemerkungen, zurück zum Thema!» – mit lachendem Gesicht!

Zu 10.

A: «Kennen Sie das biblische Thema vom Splitter im Auge des anderen und dem eigenen Balken?!» (Böse wäre der Zusatz: «Haben Sie den schon länger?!»)

B: «Erschien mir anfangs auch so, ich habe mich dann intensiver mit der Sache beschäftigt!» Böse wäre nun der Zusatz: «Täte Ihnen auch gut!»)

Denken Sie daran:
Große Sprüche sind häufig nichts anderes als ein stümperhafter Seiltanz von in der Sache stümperhaften Amateuren ohne argumentative Balancierstange und ohne Netz(werk), schlechthin ohne doppelten Boden.

Unser Tip:
Checken Sie in Gesprächen und bei Konferenzen Ihre Aussagen, Botschaften und Äußerungen auf diese oder ähnliche Killerphrasen. Sie bringen weder Ihre Sache noch Sie weiter. Unterbinden Sie diese sofort und rigoros! Bei sich und anderen.
Denn wer zeitlebens beruflich beide Augen vor solchen Formulierungen und Killerphrasen verschließt, dem werden wenigstens beim Scheitern der Gespräche beide weit aufgehen!

Mit «anderen» Worten: Körpersprache

Sprachlosigkeit entsteht dort, wo ... wir die Signale anderer nicht verstehen können und ... wir mit unserem Körper unseren Worten nicht die gewollte Unterstützung liefern. Denn: «Der Körper ist der Übersetzer der Seele ins Sichtbare.» Christian Morgenstern

Wer heute in Manager-Konferenzen sitzt, der fühlt sich als Beobachter häufig an Bertolt Brecht erinnert, der sein episches Theater mit dem Illusionstheater kontrastierte, wo das Publikum mit einer realitätsfremden Perspektive konfrontiert und letztlich i(de)n(ti)fiziert wird. Volker Sommer, habilitierter Anthropologe und Primatologe der Universität Göttingen, hat in Anlehnung an Erving Goffman daraus ein «Lob der Lüge. Täuschung und Selbstbetrug bei Mensch und Tier» entwickelt.

Unter Anleitung einer strategischen oder taktischen, jedoch unsichtbaren Regie inszenieren wir im Berufsalltag wie im Privatleben Vorstellungen, damit Geschäftspartner oder Kollegen von eigenen echten oder vielfach auch vorgetäuschten Qualifikationen, Kompetenzen oder Fähigkeiten überzeugt werden. Doch hier handelt es sich nicht um angeborenes Mimikry, sondern um ein sich immer stärker entwikkelndes Informationsspiel, einen omnipotenten Kreislauf von subtiler Verheimlichung, einfacher Aufdeckung oder Decodierung, falscher oder zu schwacher Enthüllung und spielerischer Wiederentdeckung.

Unmoralisch oder verwerflich? Ein solches Urteil greift zu kurz, wenn wir mit dem amerikanischen Soziologen Robert E. Park dem Wort «Person» die ursprüngliche Bedeutung «Maske» zusprechen: «Unser wahres Selbst: das Selbst, das wir sein möchten. Schließlich wird die Vorstellung unserer Rolle zu unserer zweiten Natur und zu einem integralen Teil unserer Persönlichkeit. Wir kommen als Individuen zur Welt, bauen einen Charakter auf und werden Personen.» (Sommer, S. 133)

Für firmeninterne Aufbauseminare haben wir deshalb eine Übung daraus gestaltet: Die Teilnehmer hatten die Aufgabe, gezielt «Unwahrheiten» in einen Vortrag einzubauen, die wiederum von den anderen Teilnehmern zu entschlüsseln waren. Vorher erklärten fast alle Teilnehmer, daß Anzeichen einer Lüge durch aufgegebenen Blickkontakt, reduzierte oder unpassende «ritualisierte» Körpersprache und durch zögerliches Sprechtempo bzw. Suche nach der richtigen Umschreibung zu entschlüsseln seien. Doch das stellte sich als Trugschluß heraus. Schließlich hatten wir es hier mit «impression management» zu tun. Die «Täuscher» hatten sich die eingebauten Lügen oder Täuschungen bereits intensiv in der Vortragsvorbereitung ausgemalt. Wären es suggestive Akte – «suggestion management» – gewesen, spontan entwickelt und durchgeführt, so hätten die Wahrnehmungsraster zur Entdeckung einer Täuschung wahrscheinlich zum Erfolg geführt. Doch das Gegenteil war hier der Fall: Videoaufzeichnungen der wichtigen Passagen dokumentierten, daß die Körpersprache ausladender, die Gestik gezielter und die sprachlichen Ausführungen genauer und präziser waren als in den Redesequenzen, die unüberlegt oder nur in Stichworten vorbereitet gewesen waren. Der Blickkontakt dauerte länger und war bewußter eingesetzt. Richard Lazarus spricht in realen Situationen, die nicht im Trainingsumfeld stattfinden, vom «intraphysischen Tranquilizer». Bedrohliche Situationen, in denen wir der Wahrheit oder dem Anspruch an uns selbst – nicht nur durch das Gegenüber – nicht genügen, kompensieren wir durch unterbewußten oder selbsttäuschenden Realitätsverlust – Täuschung, Lüge oder Selbstbetrug. Wir glauben an diese Botschaft. Denn schließlich sind wir Überlebensmeister, zur Konformität erzogen, aber zugleich mit dem unbändigen Willen ausgestattet, in diesem Managerschauspiel eine tragende Rolle spielen zu können. Lügen, ohne rot zu werden, ist ein wesentlicher Aspekt unserer Kommunikation, auch wenn wir das damit verbundene Instrumentarium am liebsten als unmoralisch ausklammern – es häufig jedoch nur beim Gesprächspartner mit dieser Abwertung belegen.

Jeder hat eine ausgeprägte Interessensrhetorik, eine «Machiavellian intelligence», wenn er im Kommunikationsroulette der Alltagssituation gezwungen ist, sich zu beweisen. Wissenschaftlich ist längst bewiesen, daß die Haut mehr weiß als das Gehirn; ein Prinzip, nach dem heute Lügendetektoren arbeiten. Doch Sprache in ihrer verbalen, nonverbalen und paraverbalen Ausprägung verkleidet den Gedanken, und wer heute intensiver in die Macht und Magie der Kommunikation einsteigen will, der sollte Schluß damit machen, sich einfach beim Thema Körpersprache auf die repräsentative Körpersprache festzulegen. Auf jene, wo Gestik, Mimik und Haltung beispielsweise auf bestimmte Aussagen festgelegt und damit eindeutig oder in anderen Fällen reduziert mehrdeutig sind. Uns muß die interpretative Körpersprache interessieren, dort wo Interpretationen in einen weiteren geistigen Horizont gestellt werden. Das erschüttert unser Selbstverständnis? Genau, denn der Bruch führt uns hinaus aus dem Friedhof toter Ideen tradierter Kommunikation.

Körpersprache ist entwicklungsgeschichtlich älter als die gesprochene Sprache. Es ist die ursprünglichere Form der Verständigung. Bei Tieren hat die Körpersprache einen erheblich größeren Stellenwert als die Lautäußerungen. Bei Menschen wurde die akustische Form der Verständigung so verbessert, daß bei vielen die Fähigkeit zur Wahrnehmung und Interpretation der Körpersprache in den Hintergrund getreten ist. Trotzdem hören wir nicht nur auf den Inhalt, wenn wir mit anderen Menschen zusammen sind, wir achten auf vieles mehr: Gestik, Mimik, Blickkontakt, Körperhaltung, Lautstärke, Tonfall und Modulation der Stimme. Die Körpersprache trägt – auch unbewußt – wesentlich dazu bei, wie wir unseren Partner wahrnehmen und einschätzen. Körpersprache drückt immer etwas aus (ich kann zwar schweigen, also nichts sagen; ich kann aber nicht auf Körperhaltung oder Gesichtsausdruck «verzichten»).

Dazu kommt noch die Tatsache, daß sich dem gesprochenen Wort nur eine begrenzte Menge von Informationen entnehmen läßt:

Das Befinden des anderen beispielsweise oder Rückschlüsse auf seine Motive erhalten wir nur aus ergänzenden Faktoren. Entweder aus einer längeren und besseren Kenntnis der Person (und wie viele andere Menschen kennen wir dafür wirklich gut genug?) oder eben aus der Körpersprache.

Wissenschaftlich wird dieser Prozeß als «soziale Wahrnehmung» bezeichnet.

Die Signale der Körpersprache werden nach folgenden Kriterien klassifiziert:

- Gesten / Handbewegungen
- Kopfbewegungen oder Signale durch Bewegungen anderer Körperteile
- Körperhaltung, -ausdruck, -ausrichtung
- Gesichtsmimik, -ausdruck
- Blickkontakt und -richtung (Fokussierung)
- räumliche Distanz, bzw. Nähe (Distanzzonen)
- Formen des Körperkontakts (Berührungen)
- Nebenaspekte wie Schmuck, Kleidung und andere äusserliche Zeichen

Jeder dieser angesprochenen Bereiche wird wiederum in ein Spektrum von Variationen geteilt. Beispielsweise wird der Blickkontakt unter folgenden Aspekten betrachtet: Länge des Blickkontakts, Blickabwendung oder Starren, Pupillengrösse, während der Redesequenzen oder beim Schweigen usw.

Die Körpersprache des anderen gibt uns Hinweise darauf, wie er denkt und fühlt.

Aber Vorsicht! Körpersprache ist nicht eindeutig! Ich kann den Blick schweifen lassen, weil mich das Thema oder der Gesprächspartner nicht sonderlich interessiert oder eben um beim intensiven Nachdenken einen neutralen Punkt zu finden. Vor der Brust gekreuzte Arme können Abwehr oder eine bequeme Sitzhaltung bedeuten.

Körpersprache wird eingesetzt, um Botschaften zu vermitteln. Wir unterscheiden dabei zwischen folgenden Bereichen:

- emotionale Einstellung zu Personen, Vorgängen, Dingen (z.B. Zustimmung)
- Mitteilung zu interpersonalen Einstellungen oder zum Rollenverständnis (z.B. Hierarchie)
- Mitteilungen über die eigene Persönlichkeit (z.B. Imponiergehabe)
- non- oder paraverbale Kommunikation beim Reden (z.B. vor Gruppen)
- gesellschaftsbezogene Riten oder Zeremonien (z.B. Gottesdienst)
- ritualisiertes, symbolisches Handeln (z.B. Verleihung einer Urkunde)

Die im folgenden beschriebenen Signale sind also Interpretationshilfen, keinesfalls eindeutige Regeln zur sicheren Interpretation körpersprachlicher Signale. Sie können allerdings durch das Senden eindeutiger Signale die gewünschte Botschaft klarer und unmißverständlicher machen.

Verstärkung der Botschaft durch körpersprachliche Signale (Beispiele):

Signal	**Botschaft**
• Nicken mit dem Kopf	• Ich bin derselben Meinung, ich stimme zu (nicht in allen Kulturen).
• Kopfschütteln	• Ich lehne ab, ich bin dagegen (nicht in allen Kulturen).
• aufrechte Haltung, Blickkontakt	• Ich bin aufmerksam, ich höre zu!

• gerade Sitzhaltung auf der Stuhlfläche, offener Blick, leichtes Lächeln	• Ich fühle mich wohl, ich bin gerne hier, ich habe etwas zu sagen!
• Gehen in der Mitte des Ganges	• Ich bin selbstsicher!
• fester Stand, Füße leicht gespreizt (etwa Schulterbreite)	• Ich bin selbstbewußt, ich fühle mich sicher!
• Blickkontakt, Lächeln, geöffnete Arme	• Schön, Sie zu sehen, herzlich willkommen!
• leicht angewinkelte oder ausgestreckte Arme, Handinnenflächen zum Partner/zur Gruppe	• Bis hierher und nicht weiter! Stopp!

Zusammengefaßt einige *Grundregeln zur Interpretation* der Körpersprache:

- Körpersprachliche Signale sind mehrdeutig, die «Übersetzung» ist immer eine Interpretation.
- Signale sind immer im Zusammenhang mit anderen Faktoren zu sehen, z.B. kultureller Hintergrund, konkrete Situation.
- Körpersprache wird grundsätzlich immer von nonverbalen oder paraverbalen (sog. sozialen Geräuschen) des Partners begleitet.
- Die Entschlüsselung der Körpersprache oder einzelner Signale sollte also in einem Kontext mehrdimensionaler Decodierung erfolgen. Die Interpretation einzelner Signale auf nur einer Ebene (z.B. die Deutung einer Körperhaltung ohne den Kontext und die gesprochenen Worte) führt fast automatisch zu Mißverständnissen oder zu kurzschlüssigen Interpretationen.
- Körpersprache ist unmittelbarer und schwieriger zu manipulieren, damit ist sie oft ehrlicher als die gesprochene Sprache.
- Veränderungen der äußeren Haltung gehen oft mit inneren Veränderungen einher.
- Mimik ist schwerer zu steuern als Gestik.

Definitionen und Unterscheidungen

Zeichen oder Signale nennen wir die Elemente des Verhaltens, die von einem Gegenüber wahrgenommen werden und diesen gewollt oder auch unbewußt beeinflussen. Zeichen/Signale, die etwas nonverbal mitteilen wollen, werden Kommunikatoren/Kommunikationen genannt.

Encoding – Zeichen geben (Senden)
Decoding – Zeichen entschlüsseln (Empfangen)
Denotation – Worte bezeichen bestimmte Handlungen oder Gesten
Konnotation – Worte beschreiben abstrakte Vorstellungen

Wir unterscheiden mit Argyle außerdem:

- bewußte, zielgerichtete Zeichen (z.B. Handsignale bei einer Versteigerung)
- unbewußte, verhaltensmäßige oder physiologische Zeichen (z.B. Angstschweiß)
- Zeichen, die bewußt etwas mitteilen sollen
- Zeichen, die unbewußt gesendet (und empfangen) werden
- Zeichen, die bewußt mit einer Täuschungsabsicht oder mit dem Wunsch einer bestimmten Reaktion gegeben werden
- Zeichen, die irrtümlich falsch eingeordnet werden

Gleichzeitig erfassen wir:

- prosodische Signale in Versmaß oder Pausentechnik, Betonung einzelner Worte oder Satzteile oder Stimmhöhe bzw. -tiefe
- paralinguistische Signale, die, jeweils unabhängig vom Inhalt des Gesagten, etwas über die emotionale Befindlichkeit aussagen («persönlicher Sitz im Leben»)
- paraverbale Signale, z.B. Stoßseufzer oder hörbares Atemholen

Körpersignale sind Steigbügel für Inhalte, Zwangsjacken für die Phantasie, Ampelsignale auf dem Weg, zuversichtlich in die Irre geleitet zu werden, instrumentalisierte Binsenweisheiten und häufig interpretierter Unsinn.

Sieben praktische Konsequenzen ergeben sich unmittelbar daraus:

1. Körpersprache kann in einem gewissen Rahmen eingeübt und kontrolliert werden, was in den nachfolgenden Abschnitten nochmals verdeutlicht wird.
2. Training kann die Kommunikationsmißverständnisse zwischen Leuten aus unterschiedlichen Gesellschaftsschichten, Altersstrukturen etc. reduzieren und dadurch Sozialverhalten sensibilisieren.
3. Unser Sozialverhalten ändert sich, wenn wir für Körpersprache empfänglich sind.
4. Ein intensiveres Feinbewußtsein für nonverbale und paraverbale Signale kann entwickelt werden, so daß wir uns bewußt werden, warum wir Eindrücke von Personen oder Gruppen haben, anstatt sie «nur zu haben».
5. Ein Großteil unseres Wissens über Körpersprache entstammt der Beobachtung des tierischen Verhaltens; die anwendungsorientierte Bearbeitung dieses Forschungsgebiet durch qualifizierte Wissenschaftler liegt noch weitgehend brach.
6. Tiere senden Signale häufig nicht aus Absicht, sondern als Instinktreaktionen, bei uns Menschen schaut es häufig nicht anders aus.
7. Körpersprache hat häufig «Auslöser», die mit berücksichtigt werden müssen. Sie sind einzuordnen in Interaktionssequenzen.

Wozu wird Körpersprache wann in welcher Form verwendet? Wir klassifizieren folgende Bereiche:

- emotionale Einstellung zu Dingen oder Vorgängen, Stimmungen oder Gefühlsäußerungen
- Mitteilungen von zwischenpersonalen Einstellungen oder auch über Rollenverständnisse (z.B. Hierarchiestufen)

- Mitteilungen über die Persönlichkeit (Imponiergehabe, Fassadenverhalten)
- non- oder paraverbale Kommunikation beim Reden (Vorträge/ Gruppen)
- gesellschaftsbezogene Riten und Zeremonien
- ritualisiertes, symbolisches oder symbolisiertes Handeln

Wie fühlen wir uns? Mimik und Emotionen

Das Gesicht, die Mimik, ist die beste Quelle für die Entdeckung der Emotionen anderer Menschen. Wissenschaftliche Untersuchungen legen nahe, daß sechs grundlegende Emotionen durch einen jeweils unterschiedlichen Gesichtsausdruck repräsentiert werden (vgl. dazu die grundlegenden Forschungen von Ekman und anderen):

- Glück
- Trauer
- Überraschung
- Angst
- Ärger
- Ekel

Aus diesen «Grundfarben» setzen sich alle anderen unterschiedlichen Formen des Gesichtsausdrucks zusammen. Wenn wir unerwartet einem guten Freund gegenüberstehen, so wird unsere Mimik (unbeeinflußt) Überraschung und Glück/Freude verbinden.

Spannend daran ist, daß der Gesichtsausdruck – zumindest in seinen «Basisformen» – universell gilt: D.h., ein Japaner, ein Amerikaner oder ein Deutscher zeigen, erkennen und deuten den jeweiligen Gesichtsausdruck (bspw. Glück) weitgehend übereinstimmend!

Es gibt gute und schlechte Sender: Manche Menschen neigen dazu, ihre Gefühle «offen zur Schau zu tragen», und andere zeigen immer ein «Pokerface». Ergänzt wird dies dadurch, daß es unterschiedliche kulturelle Normen gibt, ob und wie ich Gefühle durch meine Mimik ausdrücken «darf». Wir lernen in unserem Kulturkreis den Ausdruck von Emotionen zu mildern bzw. ganz zu unterdrücken. Auch viele berufliche Situationen verlangen die bewußte Kontrolle der Mimik: Anwälte vor Gericht, Ärzte am Bett eines Kranken oder Schauspieler sind darauf angewiesen. Frauen dürfen aufgrund ihrer spezifischen Sozialisation mehr Emotionen ausdrücken als Männer, aber auch sie lernen schon früh, daß es dafür – relativ enge – Grenzen gibt. Hemmungslos mit Emotionen umzugehen gilt als kindisch, «unerwachsen» oder als ein bißchen «verrückt». Trotzdem sind Frauen in der Regel besser im Ausdruck von Emotionen und auch besser im Erkennen von Emotionen in den Gesichtern anderer.

Unser Tip:
Versuchen Sie gar nicht erst, andauernd ein «Pokerface» zu zeigen. Wenn Bruce Willis im Film die Welt rettet, wirkt das zwar gewaltig cool. Im «wahren Leben» mögen wir jedoch lieber Menschen, deren Gesicht in Bewegung ist und Emotionen vermittelt. Unbewegte Gesichter beeindrukken uns eher negativ – sie wirken desinteressiert, unbeteiligt oder schüchtern. Ein bißchen Emotion darf und sollte sein. Es liegt dann allerdings an Ihnen, wieviel von Ihren Emotionen Sie preisgeben wollen. Üben Sie ruhig ein bißchen mehr Lockerheit und den Ausdruck Ihrer Persönlichkeit. In vielen Situationen erzielen Sie eine weit bessere Wirkung, wenn Sie derjenige sind, der sich «traut», Gefühle zu zeigen!

Die Sozialwissenschaft unterscheidet zwischen drei hauptsächlichen Techniken der Täuschung durch Mimik:

- Qualifizierung, das ist das Hinzufügen eines Gesichtsausdrucks bzw. das schnelle Umschalten von bspw. Ärger auf Ärger und Lächeln, um zu zeigen, daß es so schlimm dann doch nicht war.
- Modulation, das ist die Kontrolle der Intensität des Gesichtsausdrucks, und
- Falsifizierung, das Zeigen einer nicht erlebten Emotion.

Eine ganze Reihe von Mitmenschen wird es in diesen oder in einer anderen Technik der Manipulation zu einer gewissen Meisterschaft gebracht haben. Sind wir dem nun hilflos ausgeliefert? Oder gibt es Anzeichen, die erkennen lassen, ob jemand einen nicht authentischen Gesichtsausdruck zeigt? Wie in vielem, das mit Verhalten zu tun hat, gibt es keine Patentlösungen, aber Anzeichen gibt es sehr wohl. Personen, die «mit ihren Gesichtern lügen», zeigen unter Umständen:

- Brüche im Verhaltensmuster: Die Kontrolle der Mimik verlangt ein hohes Maß an Aufmerksamkeit und Konzentration, da können schon einmal Kleinigkeiten unbeachtet bleiben. Zum Beispiel wird jemand als Ausdruck des Erstaunens wohl die Augen aufreißen und den Mund öffnen, aber vielleicht vergessen, die Kinnlade nach unten zu klappen.
- Falsches Timing: «Echte» Emotionen spiegeln sich sehr schnell auf den Gesichtern, jedes Gefühl, das etwas länger braucht, bis es sich in der Mimik zeigt, ist zumindest nicht zu 100% echt. Zuviel Zeit zwischen dem Witz und dem Lachen ist nicht unbedingt Begriffsstutzigkeit!
- Mikroemotionen: für Sekundenbruchteile scheint das wahre Gefühl durch, bevor es der Person gelingt, den Gesichtsausdruck unter Kontrolle zu bringen.

Ein erster und wichtiger Schritt zum Verständnis von Körpersprache besteht also darin, den Gesichtern anderer Menschen und den darin ausgedrückten Emotionen mehr Aufmerksamkeit zu schenken. Je besser Sie die Gefühle wahrnehmen können, desto besser wird es Ihnen gelingen, sich in Ihrer weiteren Kommunikation darauf einzustellen.

Augen sind häufig als das «Fenster zur Seele» beschrieben worden. In der Interaktion mit anderen Menschen verwenden wir viel Zeit auf die Analyse (beim anderen) und die Steuerung (bei uns) des Blickkontakts. Wir verwenden bei der Analyse meistens zwei grobe Indikatoren:

- Dauer des Blickkontakts: Je länger uns jemand ansieht, desto mehr Aufmerksamkeit und positive Haltung uns gegenüber vermuten wir. Vermeiden andere den Blickkontakt, nehmen wir eine negative Haltung uns gegenüber an, Schuldgefühle oder negative Befindlichkeit. «Er hat mich angelogen, er konnte mir nicht einmal in die Augen sehen!»

- Menge und Muster der Blicke anderer: *Viele* Blicke werden als Anzeichen für Freundlichkeit und Sympathie gewertet. Wenn andere Personen sich in unserer Gegenwart häufig ansehen, werten wir dies als einen Ausdruck gegenseitiger Sympathie.

Sie wirken also auf andere positiver und freundlicher, wenn es Ihnen gelingt, Blickkontakt aufzubauen und zu halten. Eine Art von Blickkontakt allerdings gilt als negativ und ist uns meistens auch sehr unangenehm: das Anstarren! Jemanden anzustarren wird als feindlich und bedrohlich gewertet. Wir fühlen uns meistens unbehaglich, wenn wir angestarrt werden. Auch aus Studien an Tieren weiß man, daß gegenseitiges Anstarren häufig der erste Schritt zu einem Kräftemessen ist. Manche Eingeborenenstämme setzen – starrende – Augensymbole zum eigenen Schutz und zur Abschreckung der Feinde ein.

Unser Tip:
Auch «andersherum» hat der Gesichtsausdruck etwas Magisches. Es wird Ihnen kaum gelingen, mit zusammengebissenen Zähnen zu lächeln oder mit einem lächelnden Gesicht richtig wütend zu werden. Setzen Sie das doch einmal zur «positiven Selbstprogrammierung» ein: Mit einem – bewußt – fröhlichen Gesicht werden Sie besser wirken – und sich nach ein paar Minuten fast «automatisch» auch besser fühlen. Forschungen belegen, daß ein ärgerlicher Gesichtsausdruck die Ausschüttung von Streßhormonen erzeugt oder unterstützt.

Sprechende Körper – Gestik und Haltung

Das Gesicht, die Mimik, ist die beste Quelle für die Entdeckung der Emotionen. Ein anderes wichtiges Element der Körpersprache ist die Gestik, die Körperbewegungen.

Eine Aussageebene ist die der *Quantität:* Viele Körperbewegungen deuten Unwohlsein, ein hohes Maß an nervöser Erregtheit an.

Auf der Ebene der *Qualität* sind die Körperhaltung und die Gestik aussagekräftig:

- Die körperliche Orientierung ist generell ein Ausdruck der Aufmerksamkeit und der Sympathie: Personen, die von uns leicht abgewandt stehen oder die zurückgelehnt sitzen, signalisieren uns mangelnde Aufmerksamkeit oder Ablehnung.
- Die Bewegung auf uns zu (Verringerung der Distanz, Vorbeugen im Sitzen) zeigt eine positive Orientierung und wird in der Regel instinktiv als solche bewertet.
- Personen, die sich in Einklang miteinander befinden, zeigen oft ein hohes Maß an *kongruenten* Bewegungen und häufigere gegenseitige Berührungen.
- Ersatzhandlungen oder Übersprunghandlungen sind Ausdruck für innere Konflikte, beispielsweise den – unentschiedenen – Widerspruch zwischen Angriff und Verteidigung. In Wartesituationen (bspw. vor wichtigen Verhandlungen) zeigen viele Menschen solche Ersatzhandlungen, um ihre innere Spannung abzubauen. Wichtige und typische Ersatzhandlungen sind das Ordnen der Kleidung oder von Gegenständen, Rauchen, Gähnen, das Kauen auf Füllern oder Fingernägeln.

Aussagen der Gestik:

- Aneinandergelegte Fingerspitzen und Daumen signalisieren Selbstvertrauen oder Überlegenheit.
- Beide Hände hinter dem Kopf verschränkt deuten Selbstbewußtsein oder Überlegenheit an.

- Kratzen oder Reiben am Kopf lassen auf Zweifel an der Darstellung oder auf Unsicherheit schließen.
- Den Kopf in eine Hand oder auf einige Finger gestützt vermittelt aufmerksames Zuhören, Analyse und Reflexion.
- Der Griff mit einer Hand in den Nacken zeigt häufig Ärger an.
- Geballte Hände sind Ausdruck von Dominanz und Aggressivität oder von Schwierigkeiten.

Ansätze zur Optimierung der Gestik:
- Starten Sie die Gestik ein klein wenig eher als die Worte.
- Die Geste sollte der Aussage angemessen sein und nicht unmäßig übertreiben oder um ihrer selbst willen künstlich verlängert werden.
- Gesten sollten kraftvoll und dynamisch sein und nicht mitten in der Bewegung abgebrochen werden.
- Gesten mit beiden Händen wirken sehr viel stärker als Gesten mit einer Hand.
- Vermeiden Sie nach Möglichkeit Gesten mit negativem Gehalt, z.B. erhobener Zeigefinger, Zeigen auf Personen, Verschränken der Arme vor der Brust, Hände in den Hosentaschen.
- Wechseln Sie die Hände ab, gestikulieren Sie nicht immer nur mit rechts oder links.

Unser Tip:
Probieren Sie Gesten erst einmal vor dem Spiegel oder mit Freunden aus, bevor Sie damit «an die Öffentlichkeit» gehen.

Um positiv und sicher aufzutreten, sollten Sie einigermaßen entspannt sein. Ein Zuviel an Spannung oder Streß wird immer in Körerhaltung und Verhalten sichtbar. Entspannung läßt sich auf vielen Wegen erreichen – durch Autogenes Training, Yoga oder Techniken der Progressiven Muskelentspannung, um nur einige Beispiele zu nennen. Kurze Übungen helfen uns, die richtige Einstellung vor wichtigen Aufgaben zu bekommen.

Unser Tip:
Treiben Sie mäßig, aber regelmäßig Sport. Eine ausgeglichene entspannte Körperhaltung hat ihre Ursache auch darin, daß Sie sich in Ihrem Körper wohlfühlen und daß die Muskulatur trainiert ist. Fitneßtraining ist besonders gut geeignet, um einseitige Belastungen – z.B. durch vorwiegend sitzende Tätigkeit – auszugleichen.

Wo bin ich? – Aussagen der Positionierung

Auch die Positionierung – relativ zu anderen Personen und im Raum – enthält eine Reihe von Informationen. Besonders Individualabstände sind aber immer vor dem individuellen kulturellen Hintergrund zu beurteilen. So halten Nordeuropäer gerne einen etwas größeren Abstand zu ihrem Gesprächspartner als ihn beispielsweise Südeuropäer einhalten. Der intime Nahbereich des Menschen reicht ungefähr bis 45 cm. Überschreitungen dieser Grenze durch Fremde führen zu – meistens leichten – Streßsymptomen und erhöhter Aufmerksamkeit. Die übliche Entfernung mit weniger vertrauten Personen reicht von ca. 45 cm bis zu ca. 150 cm. Der Aufenthalt in diesem Bereich stellt eine gewisse Nähe dar, ermöglicht uns aber, entspannt miteinander umzugehen, z.B. sich zu unterhalten. Berührungen sind möglich, werden uns aber nicht «aufgezwungen». Wenn ich mich unbehaglich fühle, kann ich die Distanz in diesem Bereich leicht vergrößern. Völlig Fremden werde ich meistens in einem Bereich außerhalb dieser 150 cm begegnen. Ausnahmen sind natürlich funktional bedingte Kontakte, wie die Untersuchung durch den Arzt oder die Personenkontrolle auf Flughäfen.

Generell gilt, daß

- Personen, die dicht beieinander stehen oder sitzen, ein gewisses Maß an gegenseitiger Vertrautheit haben – oder daß der Partner, der den geringeren Abstand wählt, diese Vertrautheit herstellen möchte. Diese Vertrautheit wird auch in kurzen wechselseitigen Berührungen sichtbar. Gehen die Berührungen nur von einer Person aus, kann man damit rechnen, daß es sich um den hierarchisch höherstehenden von beiden handelt.

- Zwei, die sich im Gespräch genau gegenüberstehen, möchten nicht gestört werden.
- Zwei Personen, die bei einem Gespräch im rechten Winkel zueinander stehen, sind bereit, weitere Partner in ihre Runde aufzunehmen.
- Personen, die sich gegenübersitzen, haben entweder auch einen größeren persönlichen Abstand oder sie befinden sich in einem Konflikt. Gerne wird ein Tisch dazwischen auch von Vorgesetzten als zusätzliche Barriere gewählt, besonders bei «schwierigen» Gesprächen.
- Personen am Kopfende eines Tisches sind meistens die Leiter der Sitzung oder der Arbeitseinheit bzw. die Gastgeber der Veranstaltung.

Unser Tip:
Versuchen Sie einmal, einem Partner gegenüber den gewohnten Individualabstand zu verringern oder zu vergrößern – und achten Sie genau darauf, was geschieht. In den meisten Fällen stellt er den ursprünglichen Abstand wieder her. Durch bewußte Wahl der Distanz – oder Veränderungen im Gespräch – zu neuen Partnern können Sie die implizite Vertrautheit oder größeren Abstand suggerieren.

Ihre Wirkung auf andere – Bestandsaufnahme und Image-Shaping

Jeder von uns hat eine bestimmte Wirkung auf andere Menschen – positiv oder nicht, das ist individuell sehr unterschiedlich. Welche Wirkung haben Sie auf andere? Wollen Sie Ihre Wirkung verbessern?

Unser Selbstbild wird immer davon abweichen, wie andere uns sehen. Wir haben im Lauf der Jahre ein – hoffentlich positives – Bild von uns entwickelt. Wir kennen unsere Handlungsmotive, die anderen vielleicht nicht zugänglich sind, wir haben besondere Entschuldigungen, usw. Nur begrenzt zugänglich ist uns ein wesentlicher Teil unserer Wirkung auf andere. Das Johari-Fenster beschreibt dieses Phänomen, benannt nach den Autoren Joe Luft und Harry Ingham, ist es ein Modell zur Darstellung von Selbst- und Fremdwahrnehmung und deren Veränderung im Verlauf sozialer Prozesse.

		mir selbst	
		bekannt	unbekannt
anderen	bekannt	allen bekannt (öffentlich)	blinder Fleck in der Selbstwahrnehmung
	unbekannt	für andere verborgen (privat)	unbekannt, unbewußt

Das Johari-Fenster

Warum wollen und sollen wir eigentlich andere beeindrucken? Warum können wir uns nicht einfach so geben, wie wir sind? Selbstbewußtes und positiv gefärbtes Auftreten ermöglicht uns, die eigene Wirkung zu verstärken – und damit gerade das zu erreichen, was uns wichtig ist. Wir können für Anliegen eintreten und Dinge erreichen, die nur möglich sind, wenn wir von unserem sozialen Umfeld als wichtig und respektiert wahrgenommen werden. Gegenpole sind zu stark submissives Verhalten, d.h. der Verzicht auf die Wahrnehmung eigener Interessen, oder aggressives Verhalten, d.h. die Verletzung der Persönlichkeit und der Rechte anderer Menschen. Die sozialwissenschaftliche Literatur nennt Verhalten, das der Sicherung von Respekt und der Wahrnehmung der eigenen Interessen dient, «assertiveness».

Wichtige Elemente des Audrucks von Assertiveness sind körpersprachliche Ausdrucksformen. Damit wird es zur Verbesserung der eigenen Wirkung bedeutsam, die eigene Körpersprache zu kennen und zu optimieren.

Merkmale unserer Persönlichkeit veranlassen häufig nichtgesteuerte Signale, so kann ein nervöser Mensch beispielsweise hin- und hertänzeln, ohne dies zu wollen oder auch nur zu bemerken. Grundsätzlich senden wir andauernd Botschaften über unsere eigene Person. Hier teilen wir mit, wer wir sind oder besser wer wir glauben, dass wir sind. Neben den rein körpersprachlichen Signalen dienen nach Argyle folgende Kriterien der Klassifizierung unserer Identität:

- Alter
- Geschlecht
- Rolle oder Rollenverständnis
- Gesellschaftsschicht / Hierarchie
- Schulabschluß / Ausbildung
- religiöse und nationale Herkunft
- familiäre Bindungen
- Zugehörigkeit zu bestimmten relevanten Bezugsgruppen

Der erste Schritt zum Image-Shaping ist eine Bestandsaufnahme: Sammeln Sie – ehrlich und selbstkritisch – Rückmeldungen, die Sie von anderen bekommen. Eine wichtige Quelle sind sicherlich gute Freunde, Kollegen, Kunden, Trainer im Seminar. Wer fällt Ihnen sonst noch ein?

Stellen Sie diese Rückmeldungen zunächst einfach zusammen, vielleicht schon geordnet nach Mimik – Sprache – Körperhaltung usw. In einem zweiten Schritt können Sie diese Rückmeldungen bewerten: Positiv für Sie oder kritisch für das Bild, das Sie anderen von sich vermitteln möchten? Machen Sie dazu eine Plus-/Minus-Liste.

Vergleichen Sie Ihre Zuordnung erneut mit der Meinung anderer, am besten mit guten Freunden oder Kollegen. Manche Verhaltensweisen, die ich an mir besonders kritisch sehe, wirkten auf andere vielleicht eher positiv – natürlich ist auch der gegenteilige Effekt denkbar.

Im zweiten Schritt sollte ich mir überlegen, wie ich auf andere wirken will, generell oder in bestimmten Situationen. Dazu kann ich dann zunächst die bereits «vorhandenen» positiven Verhaltensweisen gruppieren und weitere unterstützende körpersprachliche Elemente sammeln. Am besten gelingt dies mit Hilfe einer Mind-map.

Diese körpersprachlichen Ausdrucksformen sollte ich gezielt einüben, und mir zum Stand meiner Bemühungen wiederum kritisches Feedback geben lassen. Und: nicht nachlassen, Übung macht den Meister!

Last not least – eine persönliche Checkliste

- Haltung: Wie stehen Sie? Wie sitzen Sie? Gerade und aufrecht? Liegt Ihr Körperschwerpunkt in der Mitte? Sind die Füße ungefähr schulterbreit auseinander?
- Mimik: Halten Sie Blickkontakt? Lächeln Sie? Halten Sie den Kopf gerade?
- Gestik: Paßt Ihre Mimik zum gesprochenen Wort? Wirkt die Mimik aufgesetzt/eingeübt oder natürlich?
- Abstand: Wie weit entfernt stehen Sie von anderen? Berühren Sie andere Personen?
- Sprache: Ist die Lautstärke der Größe des Raums und der Anzahl der Anwesenden angemessen? Ist der Tonfall positiv, drückt er Akzeptanz aus? Ist die Stimme fest und nicht zu emotional geprägt?

Unser Tip:
Auch am Telefon sollten Sie sich so verhalten, als ob Ihr Gesprächspartner Sie sehen könnte. Die Stimme bekommt einen anderen Klang und eine andere Modulation, wenn Sie aufrecht sitzen und aufmerksam sind, anstatt Männchen zu malen. Und: lächeln Sie – put a sunshine in your smile!

Mit der Gruppe arbeiten – Moderation

Als Führungskraft und als Leiter von Gruppen werden Sie immer wieder in die Situation kommen, mit der Gruppe *gemeinsam* ein Ergebnis erarbeiten zu wollen. Als Methode empfiehlt sich die Technik der Moderation.

Moderation ist eine Technik, mit der sich Gruppen leiten und zum Ergebnis führen lassen, ohne die Teilnehmer inhaltlich zu bestimmen. Moderationen können im kleinen Rahmen erfolgreich sein, aber auch mit Großgruppen und ggf. mehreren Moderatoren durchgeführt werden.

Die Methode definiert den Moderator als Facilitator, als jemanden, der es der Gruppe erleichtert oder ermöglicht, zu einem Ergebnis zu kommen. Der Moderator ist nicht derjenige, der über das meiste Fachwissen oder die «endgültigen» Lösungen verfügt. Dementsprechend steuert der Moderator die Arbeit der Gruppe, er bestimmt sie nicht inhaltlich. Andererseits sollte ein Moderator mit entsprechendem Fachwissen dieses natürlich der Gruppe nicht vorenthalten – hier ist Fingerspitzengefühl für die richtige Balance zwischen Input und Moderation erforderlich. Je mehr Erfahrung Sie sammeln können, desto sicherer werden Sie agieren.

Die Moderation arbeitet in der Regel mit der Methode der «schriftlichen» Diskussion. In der simpelsten Form wird eine Besprechung vom Moderator «visualisiert», d.h. an einer Pinwand «mitgeschrieben».

Mitschreiben – Visualisierung

Die Visualisierung von Besprechungen bietet eine Reihe von Vorteilen:

- Visualisierung spricht neben dem Hören auch die optische Wahrnehmung an.
- Visualisierung macht frei von der Notwendigkeit, selber umfangreiche Notizen anfertigen zu müssen.
- Die Technik konzentriert die Aussagen auf das Wesentliche.
- Komplizierte Sachverhalte werden durch die optische Unterstützung oft besser verständlich.
- Inhalte lassen sich durch Skizzen illustrieren und damit oft stützen.
- Der gemeinsame Text sichert einen Konsens im Verständnis und insbesondere im Ergebnis – ein Protokoll steht mit Abschluss der Besprechung zur Verfügung.

Die Technik des begleitenden Visualisierens erfordert einige Übung, am besten beginnen Sie damit im kleineren Kreis und bei weniger konfliktträchtigen Themen.

Material und Techniken richtig genutzt

Moderation bedeutet neben inhaltlicher Arbeit auch, Materialien und Techniken sinnvoll einzusetzen. Daher einige Hinweise für den zielsicheren Umgang.

Der Gebrauch der Stifte zielt darauf ab, den bestmöglichen Effekt zu erzielen. Zu viele Farben stören, zu kleine Schrift ist schlecht lesbar etc. Beachten Sie daher folgende Regeln:

- Kleiner Stift, blau oder schwarz, für «normalen» Text.
  Schreiben Sie mit der Breitseite, den Stift nicht drehen, die Stiftgrösse so anpassen, dass drei Zeilen auf eine Moderationskarte passen.

- Rote und grüne Stifte für Pfeile, Symbole, Umrandungen. Text in roter oder grüner Stift ist – besonders bei Kunstlicht – aus größerer Entfernung schwer zu lesen.
- Dicke Stifte für Überschriften, Symbole, Striche, Wolken usw.

Hinweise zur Schrift:

- ¾ Mittelteil, d.h. die Kleinbuchstaben nehmen 75% der Höhe von Großbuchstaben ein, ¼ Ober- und Unterlänge,
- breit schreiben,
- blockartig in Druckschrift schreiben, keine Schreibschrift,
- nicht so weite Abstände zwischen den Buchstaben,
- verwenden Sie Groß- und Kleinbuchstaben,
- schreiben Sie ruhig, so daß die Buchstaben lesbar bleiben. Der Zeitdruck sollte nie so groß sein, daß Sie anfangen zu «schmieren».

Bei der Beachtung dieser Hinweise wird der Text besser lesbar. Und denken Sie daran: Übung macht den Meister!

Die Moderation lebt im wesentlichen von Fragen an die Teilnehmer. Gute Fragen sind kurz und konkret.

- 1-Punkt-Fragen sind geeignet für:
  - Aufzählungen
  - Erwartungen
  - Stimmungen

Der Zeitaufwand für eine 1-Punkt-Frage ist eine Dauer von ca. fünf Minuten.

Beispiel: «Was erwarten Sie von dieser Veranstaltung?»

- Zuruffragen dienen dem Sammeln von:
  - Problemen
  - Themen
  - Ideen

Für eine Zuruffrage ist ein Zeitaufwand von ca. zehn Minuten einzukalkulieren.

Beispiel: «Wie können wir für unsere Kunden attraktiver werden?»

Die Beantwortung der Fragen kann durch Zuruf, mit Karten oder durch das Kleben von Punkten erfolgen.

Die Beantwortung mit Karten ermöglicht ein weitgehend anonymes Erfragen, sie ist geeignet für Probleme, Erwartungen, Ideen oder Lösungen. Diese Technik hat den Vorteil, dass die Antworten der einzelnen Teilnehmer sich nicht gegenseitig beeinflußen.

Die Beantwortung durch das Kleben von Punkten erleichtert das Festlegen von Prioritäten, Reihenfolgen oder der Ausprägung einzelner Merkmale. Diese Methode ist schnell und gibt gleichzeitig ein visuelles Abbild der Meinungen der Teilnehmer.

Nun noch einige Hinweise für das Zusammenfügen der Aussagen zu Plakaten oder Bildern.

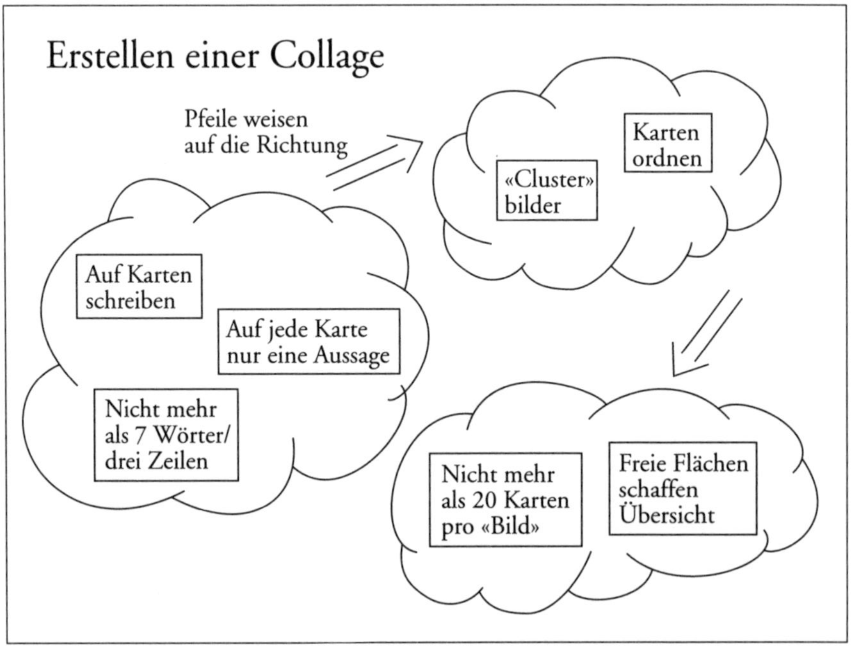

Gestaltung einer Moderation

Eine Moderation gliedert sich immer in mehrere Abschnitte. Der klassische Ablauf besteht aus sechs Schritten:

1. Schritt	Einstieg
2. Schritt	Themen sammeln
3. Schritt	Themen auswählen
4. Schritt	Themen bearbeiten
5. Schritt	Massnahmen planen
6. Schritt	Abschluß

Eine Moderation wird für Sie nur dann erfolgreich sein, wenn Sie sich intensiv vorbereiten. Dazu gehört es, einen Moderationsplan zu erstellen, die einzelnen Ablaufschritte und eingesetzten Methoden sorgfältig zu planen. Tragen Sie dafür Sorge, daß Sie geeignete Räume haben und daß das benötigte Werkzeug (Stifte, Karten, Pinwand, Flipchart etc.) zur Verfügung steht.

Unser Tip:
Sprechen Sie die Moderation vorher mit einem kompetenten Kollegen, einem erfahrenen Berater oder einer anderen Person Ihres Vertrauens durch. Dabei wird häufig ein bis dato unbeachteter Aspekt sichtbar. Sie können so Überraschungen während der Durchführung der Veranstaltung vermeiden!

Es ist wichtig, am Beginn einer Veranstaltung die Teilnehmer einzustimmen. Der Moderator begrüßt dazu die Teilnehmer. Wenn nicht alle Teilnehmer (gut) miteinander bekannt sind, ist eine Vorstellung sinnvoll.

Die Vorstellung kann so ablaufen, daß sich jeweils zwei bis dato nicht bekannte Teilnehmer einander vorstellen. Am besten gibt der Moderator Leitfragen vor. Nach diesem kurzen Kennenlernen stellt dann der jeweils andere den Partner der Gesamtgruppe vor. Oder der Moderator bereitet eine Wand mit Leitfragen vor, und jeder Teilnehmer kommt nach vorne und stellt sich anhand dieser Leitfragen vor, Karten mit den Inhalten werden angeheftet und ermöglichen so allen, sich während der Veranstaltung die anderen Teilnehmer «näher» anzusehen. Gleichzeitig ist dies die Teilnehmerliste der Veranstaltung.

Die Teilnehmer können in diesem ersten Arbeitsschritt bereits ihre Erwartungen und ihre Vorbehalte äußern. Als Moderator können Sie so mögliche Probleme für die spätere inhaltliche Arbeit voraussehen. Sinnvolle Methoden dazu sind:

- Ein-Punkt-Abfrage: Die Teilnehmer werden aufgefordert, auf dem vorbereiteten Plakat ihre persönlichen Erwartungen mit einem Klebepunkt auf einer Skala zu kennzeichnen.
- Satzergänzung: Die Teilnehmer ergänzen auf einem vorbereiteten Plakat begonnene Sätze (z.B. «Als Ergebnis dieser Veranstaltung erwarte ich, ...»).
- Zuruf-Frage: Die Teilnehmer beantworten eine visualisierte Frage («Woran erkennen Sie heute um 17.00 Uhr, daß die heutige Veranstaltung einen Nutzen gestiftet hat?») Der Moderator protokolliert die Antworten auf der Pinwand oder auf einem Flipchart.

Nun beginnt der erste inhaltliche Arbeitsschritt. Ist noch kein Thema festgelegt – oder sind noch Teilschritte offen –, können die Teilnehmer ihre Vorschläge einbringen. Ist das Thema schon bestimmt, lassen sich die Fragestellungen mit den Teilnehmern abstimmen. Mögliche Methoden sind:

- Kartenabfrage: Der Moderator verteilt Karten und fordert alle Teilnehmer auf, die auf dem Plakat visualisierte Fragestellung zu beantworten. Die Methode gewährleistet Antworten, die weitgehend unbeeinflußt gegeben werden. Da ich die Antworten der anderen vorab nicht kenne, mache ich mir weniger Gedanken, was mein Chef wohl gerne hören würde oder wie ich die Antwort von Willi am besten kontere. Die Anzahl der Karten pro Teilnehmer sollte begrenzt werden. Das sichert eine bessere Übersichtlichkeit.

Beispiele für den Einstieg

Begrüßungswand

Name Vorname	meine derzeitige Aufgabe	bei der XXX seit	mein Prinzip/ Wahlspruch	dieser Beruf hätte auch zu mir gepaßt
1.				
2.				
3.				

Ein-Punkt-Abfrage

Was erwarten Sie von unserer Veranstaltung?

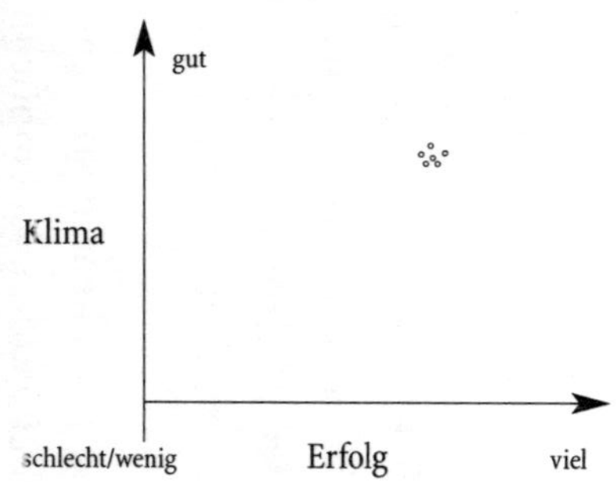

Satzergänzung

Hier soll heute …

… passieren	… nicht passieren

In der Regel sollten drei bis fünf Karten pro Teilnehmer ausreichen.

- Abfrage auf Zuruf: Die Methode ist schneller, der Moderator protokolliert direkt auf der Wand oder auf Karten (dann kann ich die Zuordnung im nachhinein ändern). Es besteht die Gefahr, daß nicht alle Teilnehmer in gleichem Masse einbezogen werden.
- Themenspeicher: Im Anschluß an die Sammlung werden die Beiträge nach Themen geordnet. Der Moderator sollte die Teilnehmer in diesen Ordnungsprozeß einbeziehen. Dieser Themenspeicher bildet den Ausgangspunkt für den nächsten Schritt.

Die Auswahl der Themen und das Herstellen der Reihenfolge kann ich optimal mit einer Mehrpunktabfrage gestalten. Die Teilnehmer stimmen dabei mit ihren Klebepunkten über die Priorität in der Themenbearbeitung ab. In der Regel sollten die Teilnehmer drei bis fünf Klebepunkte setzen können. Mehr als zwei Präferenzpunkte pro Thema führen meistens zu einer Verzerrung oder Einseitigkeit der Themenwahl. Differenzierungen der Mehrpunktabfrage sind möglich, wenn ich in mehreren Kategorien «abstimmen» lassen, z.B. Wichtigkeit, Lösbarkeit, Aufwand etc.

Nach der Bestimmung der Themen können sie im Plenum oder in der Kleingruppe bearbeitet werden. Es empfiehlt sich, die Gruppenzuordnung nach Fachkompetenz oder nach Interesse vorzunehmen. In den Kleingruppen können die Themen simultan behandelt werden.

Folgende Methoden eignen sich zur Darstellung und Bearbeitung der Themen:

- *Mind-map oder Netzbild:* Diese Methode stellt Beziehungen und Strukturen zwischen Elementen bildlich dar.
- *Vier-Felder-Tafeln oder Fadenkreuz:* Die Beschriftung der Quadranten wird abhängig von der Fragestellung gewählt. Bei einem Veränderungsvorhaben können «Ist-Zustand», «Soll-Zustand», «Widerstände» und «Schritte zum Change» sinnvolle Zuweisungen sein.

- *Kreisel:* Diese Methode ist wie die Vier-Felder-Tafel, wählt aber eine andere Form der Visualisierung. Die Themen können so in «logisch-hierarchischen Schichten» um das Kernthema herum angeordnet werden.
- *Ablaufplan:* Diese Technik eignet sich für linear-logische Abläufe.
- *Matrix:* Sie setzen damit relevante Informationen in Beziehung zur Fragestellung. Diese Methode bietet eine klare Strukturierung des Themas an.

Nach der Bearbeitung der Themen folgt bei der Arbeit in Kleingruppen die Präsentation der Ergebnisse vor dem Plenum. Der nächste Schritt in der Moderation ist die Diskussion von und der Entscheid über Maßnahmen.

Die Planung der Maßnahmen ist das Ende der inhaltlichen Arbeit. Der Abschluß sollte eine Reflexion der Gruppenarbeit enthalten. Ich kann dazu eine Zuruffrage oder eine Kartenabfrage machen mit den Überschriften «Das war gut!», «Das ändern wir zukünftig!» oder ähnlichen Themen. Ergänzend dazu können Sie ein «Blitzlicht» durchführen (ein Blitzlicht ist die verbale Abfrage der aktuellen Stimmungslage bzw. Zufriedenheit) oder ein «Stimmungsbarometer» machen.

Moderation bietet einen qualifizierten Hintergrund zur Bearbeitung jeder Art von Themen mit Gruppen. Die Technik kann alleine, zur Vorbereitung oder zum Abschluß von Vorträgen, Präsentation usw. eingesetzt werden.

Wichtig ist – auch hier – eine qualifizierte Vorbereitung, die ihren Niederschlag in einem detaillierten Moderationsplan finden sollte und – natürlich – Übung in der Anwendung der Methode.

Beispiele für die Bearbeitung der Themen 1

Mind-map

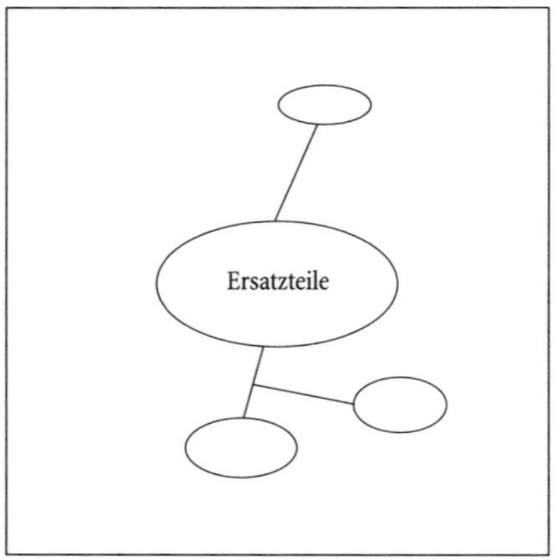

Fadenkreuz

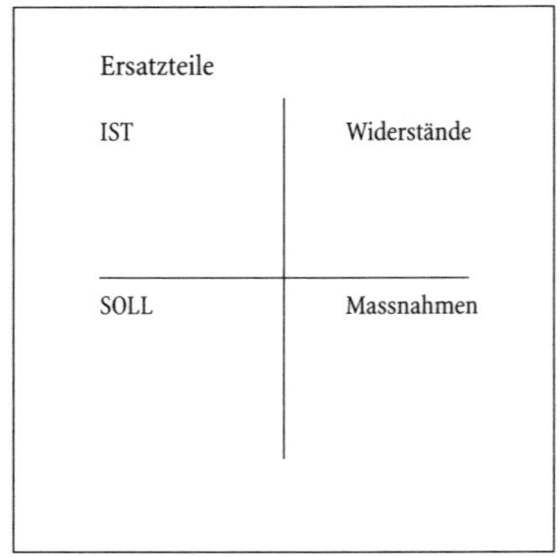

Kreisel

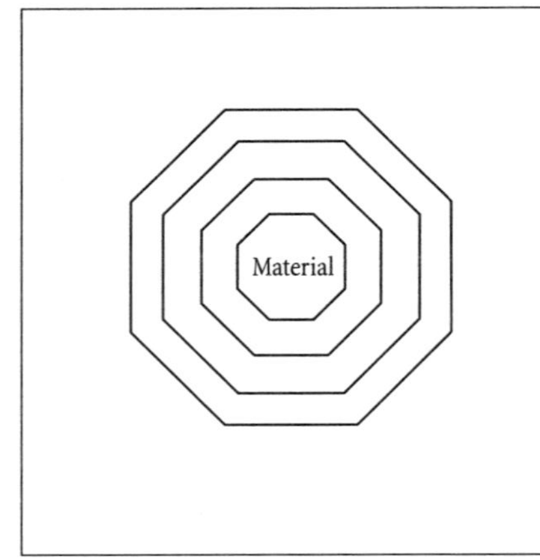

Beispiele für die Stimmungsbarometer

Wie zufrieden sind Sie mit der geleisteten Arbeit?

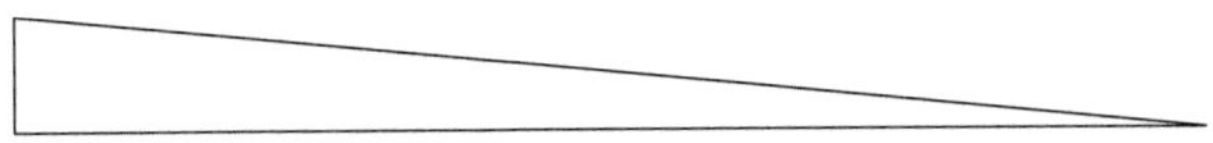

\+ 0 –

Wie war die Zusammenarbeit heute?

\+ 0 –

Vom Ziel zum Erfolg – Mitarbeitergespräche souverän geführt

Sprachlosigkeit entsteht dort, wo es keinen qualifizierten Austausch mit dem Mitarbeiter gibt.

Wissen Sie, was Ihr Vorgesetzter von Ihnen denkt? Wissen Sie in Entscheidungssituationen genau, welche Alternative nicht nur «sachlich gerechtfertigt», sondern auch «politisch klug» ist? Wissen Ihre Mitarbeiter, wo Sie ihre Stärken und Schwächen sehen, welche Optimierungsmöglichkeiten es gibt. Wenn Sie auf diese Fragen mit «nein» oder mit «vielleicht» antworten müssen, kann es sich lohnen, größere Transparenz zu schaffen: Sie sollten mit Mitarbeiterinnen und Mitarbeitern regelmäßig ein Gespräch führen – und natürlich sollten Sie auch bei Ihrem Chef aktiv vorstellig werden.

Ein solches Gespräch kann in einen festen institutionellen Rahmen eingebettet sein, Mitarbeitergespräch/Beurteilungsgespräch/Staff-dialogue sind einige der gebräuchlichen Namen. Oder ich entschließe mich eben als Führungskraft trotz der fehlenden Unterstützung durch solche Systeme, mit meinen Mitarbeitern ein entsprechendes Gespräch zu führen.

Grundsätzliches zu Gesprächen

In einem Gespräch teilt ein Sprecher einem Zuhörer etwas mit. Die Rolle von Sprecher und Zuhörer wechseln dabei (hoffentlich!) ständig. Von Bedeutung für das Gespräch sind Situation, Partner und Mitteilung. «Situation» beschreibt den Ort (z.B. ein Besprechungszimmer), die Zeit (wann das Gespräch stattfindet, wieviel Zeit zur Verfügung steht) und die näheren Umstände (den Anlaß für das Gespräch bspw.).

«Partner» sind die am Gespräch beteiligten Personen. Neben den tatsächlich vorhandenen gibt es auch noch «Schattenpartner», das sind die Personen, die nicht mit am Tisch sitzen, deren Einfluß aber maßgeblich in das Gespräch mit hereinragt. Das kann der Vorgesetzte der Führungskraft sein, der die Förderung des Mitarbeiters nachdrücklich verlangt hat, daß kann der Lebenspartner sein, der auf eine Karriere dringt, daß kann ein Kollege sein, den ich als Wettbewerber um meine Jobinhalte sehe usw. Bei den am Gespräch Beteiligten ist der Tatsache Rechnung zu tragen, daß jeder von einer Reihe wichtiger Faktoren beeinflußt wird. Solche Faktoren sind unter anderem die Persönlichkeit des einzelnen, seine Lernerfahrungen, die augenblickliche Stimmung oder die persönlichen Ziele. Das Gespräch wird zu einem besseren Ergebnis führen, wenn es mir gelingt, die relevanten Faktoren in Betracht zu ziehen.

Und mit «Mitteilung» ist das gemeint, was im Gespräch gesagt wird. Kommunikation umfaßt den Inhalt des Gesprächs, das Thema. Dieser Inhalt wird als die Sachebene – das «Was» des Gesprächs – bezeichnet. Es gibt keinerlei Kommunikation ohne einen Inhalt. Kommunikation aber ist mehr. Kommunikation findet bei jedem Kontakt mit anderen statt, es ist unmöglich, nicht zu kommunizieren. Es kann ein Gespräch sein, ein Streit, ein Brief oder körperliche Berührungen. Es handelt sich um verbale und nonverbale Botschaften. Kommunikation umfaßt den Transport von Nachrichten vom Sender zum Empfänger. Diese Nachrichten – welcher Art und welchen Inhalts auch immer – vermitteln zwei Arten von Botschaften:

- den sachlichen Teil der Nachricht
- den Beziehungsaspekt

Die Definition der Beziehung durch Kommunikation wird von Lewis Carroll in dem Buch «Alice im Wunderland» treffend beschrieben:

«Ich verstehe nicht, was Sie mit ‹Glocke› meinen», sagte Alice. Goggelmoggel lächelte verächtlich. «Wie solltest Du auch, ich muß es

Dir doch zuerst sagen. Ich meinte: ‹Wenn das kein einmalig schlagender Beweis ist!› «Aber ‹Glocke› heißt doch gar nicht ‹einmalig schlagender Beweis›», wandte Alice ein. «Wenn ich ein Wort gebrauche», sagte Goggelmoggel in recht hochmütigem Ton, «dann heißt das genau, was ich für richtig halte – nicht mehr und nicht weniger.» «Es fragt sich nur», sagte Alice, «ob man Wörter einfach etwas anderes heißen lassen kann.» «Es fragt sich nur», sagte Goggelmoggel, «wer der Stärkere ist, weiter nichts.»

(Aus Lewis Carroll: «Alice im Wunderland», Insel-Taschenbuch 42, 1963, S. 163.)

Erkennen Sie Gespräche wieder, an denen Sie beteiligt waren?

Wir sehen also, daß der sachliche Teil der Nachricht durch den Beziehungsaspekt eine vollkommen unterschiedliche Bedeutung bekommt. Neben den verbalen Inhalten vermittle ich die Bedeutung durch bspw. die Wahl des Umfelds, die in das Gespräch investierte Zeit, usw.

Das «Wie» des Gesprächs umfaßt drei relevante Aspekte: die Selbstaussage, die Beziehungsaussage und den Appell.

Die «Selbstaussage» vermittelt etwas über die Person des Sprechers, die Wünsche, Vorstellungen, Ängste und Stimmungen. Die «Beziehungsaussage» signalisiert meinem Gesprächspartner die Wahrnehmung unserer Beziehung – als gleichberechtigt, als Bittsteller, von oben herab ... Der «Appell» beinhaltet eine Handlungsaufforderung. Alle drei Aspekte sind gleichzeitig in jeder Äußerung enthalten.

Das ist nicht immer einfach zu interpretieren. Mißverständnisse entwickeln sich immer dann, wenn die Gesprächspartner unterschiedliche Aspekte wichtig finden. Welche Möglichkeiten haben Sie, mit solchen Situationen geschickt umzugehen, die beabsichtigten Botschaften zu senden und nach Möglichkeit Mißverständnisse zu vermeiden?

Die innere Einstellung – Gesprächshaltungen

Wichtig ist die Gesprächshaltung. Mit «Gesprächshaltung» bezeichnet man die innere Einstellung, mit der ich in ein Gespräch gehe. Gesprächshaltungen können abhängig sein von der Situation und der Person des Gesprächspartners, meiner Stimmung usw. Sportler bezeichnen diesen Umstand heutzutage gerne als «mentale Stärke», bei Verlierern wird dann die «mangelnde Einstellung» beklagt – nach dem Spiel natürlich.

Gibt es Gesprächshaltungen, die hilfreich sind, um ein gutes Gespräch zu führen? Für ein gutes – sprich partnerschaftliches – Gespräch ist es sicherlich hilfreich, wenn ich mich bemühe, den Partner nicht zu dominieren, sondern ihn als gleichberechtigt ernstzunehmen. Meine Äußerungen werden echter wirken, wenn sie meiner Meinung wirklich entsprechen. Es sollte mir gelingen, Stil und Inhalt meiner Worte den Bedürfnissen meiner Partner anzupassen. Rücksicht ist eine grundlegende Bereitschaft, Eigenarten meiner Partner – soweit möglich – einzuhalten. Wechselseitig ist ein Gespräch, wenn ein Austausch möglich ist. Wenn ich meinen Gesprächspartner in Grund und Boden rede oder wenn ich von Anfang weiß, daß ich recht habe – und behalten werde –, verhalte ich mich nicht wechselseitig.

Viele kennen die Geschichte vom «Meinungsaustausch» mit dem Chef: Ich gehe mit *meiner* Meinung in sein Büro und komme mit *seiner* wieder heraus!

Es geht besser so – Gesprächstechniken richtig eingesetzt

Gesprächstechniken machen das Miteinander-Sprechen einfacher. Gesprächstechniken sind z.B. «Verständlichkeit» und «aktives Zuhören».

«Verständlichkeit» erreiche ich durch eine geordnete Darstellung sowie durch eine einfache und konkrete Sprache. Sätze sollten eher kürzer und prägnant sein, Beispiele oder Bilder erleichtern das Verständnis. Auf der Ebene des Sprechens sind gute Artikulation und Modulation der Stimme hilfreich.

«Aktives Zuhören» bedeutet die aufmerksame Zuwendung hin zum Gesprächspartner. Ich drücke dies körperlich durch Blickkontakt aus und durch eine aufmerksame und offene Körperhaltung. Ich sollte mein Gegenüber ausreden lassen. Von Zeit zu Zeit sind Verständnisfragen notwendig oder auch kurze Zusammenfassungen, um zu kontrollieren, ob ich das Gesagte so verstanden habe, wie es gemeint war.

Auch Fragen spielen eine bedeutende Rolle im Gespräch. Erfolgreiche Manager und erfolgreiche Verkäufer zeichnen sich u.a. dadurch aus, daß sie in Gesprächen signifikant mehr Fragen stellen als ihre weniger erfolgreichen Kollegen. Nur durch Fragen kann ich genügend Informationen von meinen Gesprächspartner erhalten. Ich kann zudem mein Interesse deutlich machen, und es wird mir besser gelingen, die Redeanteile ausgewogen zu halten. Als Faustregel gilt, daß Gespräche mit unausgewogenen Redeanteilen selten produktive Unterhaltungen sind. Bei den Fragearten lässt sich kurz zwischen offenen, geschlossenen und Alternativfragen unterscheiden. Die übrigen Fragearten stellen eher Unterkategorien dar und dienen der Feinunterscheidung.

Eine offene Frage ist eine Frage, die den Gesprächspartner aktiviert und ihn erzählen läßt. «Wie war der Verlauf der Besprechung am letzten Freitag?» oder «Welche Gründe gibt es für Ihre Bewerbung gerade bei unserem Unternehmen?» sind Beispiele für offene Fragen. Offene Fragen sollten bevorzugt dann eingesetzt werden, wenn ich wenig über die Situation und meinen Gesprächspartner weiß.

Geschlossene Fragen dienen dem Erhalt von Informationen oder der Zusammenfassung. Beispiele dafür sind «Wie alt sind Sie?» oder «Wir sind also dahingehend übereingekommen, daß wir Ihnen ab Mai monatlich 5000 Stück zum Listenpreis abzüglich 5% Mengenrabatt liefern werden?». Geschlossene Fragen setze ich zur Überprüfung von Fakten und eher gegen Ende des Gesprächs ein.

Alternativfragen sind Fragen mit dem Ziel, sich für eine von mehreren Möglichkeiten zu entscheiden (der Name deutet es an). Alternativfragen engen meinen Gesprächspartner ein und steuern das Gespräch sehr stark. Sie sollten äußerst sparsam eingesetzt werden.

Von Ihren Zielen in den unterschiedlichen Gesprächsphasen sollte abhängen, welche Fragen sie bevorzugt einsetzen. Geschlossene Fragen und Alternativfragen steuern stärker und sind auch schwieriger einzusetzen – offene Fragen erschweren unter Umständen eine Konzentration des Gesprächs auf wichtige Themen.

Wir haben bis jetzt über allgemeine und positive Themen gesprochen. Mitarbeitergespräche drehen sich aber auch um heikle oder konfliktträchtige Themen. Häufig haben Sie als Führungskraft mit Einwänden, Zweifeln oder Konflikten zu tun. Wie sollte man hier reagieren?

Einwände werden vorgebracht, weil Mitarbeiter individuelle schlechte Erfahrungen gemacht haben, z.B. damit, daß ein Vorschlag nicht umgesetzt wurde oder daß ihre spezifischen Interessen nicht berücksichtigt wurden. Einwände werden aus einem Sicherheitsbedürfnis heraus gemacht, aus einer Skepsis Neuem gegenüber oder aus Unsicherheit oder Voreingenommenheit. Einwände aus einem Geltungsbedürfnis heraus dienen zumeist der Selbstbestätigung, sie sind eine Reaktion auf Schulmeisterei durch den Gesprächspartner oder das Bemühen, eigenes Wissen herauszustellen. Vorgeschobene Einwände oder Ausreden sollen mangelndes Interesse oder anders gelagerte Präferenzen verdecken.

Der Umgang mit Einwänden ist nicht ganz einfach. Der Einwand richtet sich ja gegen meinen Vorschlag oder gegen meine Darstellung. Daher bin ich oft emotional beteiligt und versuche, mich durchzusetzen. Besser aber ist es, Sie vermeiden zunächst die Konfrontation. Lassen Sie Ihren Gesprächspartner ausreden und widersprechen Sie nicht direkt. Techniken zur Einwandbehandlung gibt es dann mehrere: Sie können den Einwand als Frage behandeln, positive Punkte ausbauen, ohne den Einwand zu vertiefen. Sie können Beweise oder Referenzen liefern. Sehr hilfreich ist auch oft eine eingeschränkte Zustimmung, die mit dem Herausstellen positiver Aspekte verbunden wird.

Konflikte in Gesprächen sind in aller Regel von einer emotionalen Phase begleitet. Ihr Partner ist erregt, er spricht lauter, schneller oder deutlich langsamer und leiser. Die Inhalte sind vorwiegend emotional geprägt. Es hilft, wenn Sie in dieser Situation ruhig bleiben können, Ihren Gesprächspartner ausreden lassen und ihm nicht widersprechen. Wenn die anfängliche Erregung abgeklungen ist, können Sie die Situation durch Fragen klären. Sie signalisieren damit Ihrem Gesprächspartner Aufmerksamkeit und Interesse. Versehen mit den nötigen Hintergrundinformationen und in einer ruhigeren Atmosphäre lassen sich dann gemeinsam konkrete Lösungsvorschläge erarbeiten. Es ist wenig konstruktiv, in einer solchen Situation die «Autorität des Vorgesetzten» auszuspielen und damit den Gesprächspartner «ruhigzustellen». Es hilft zwar augenblicklich, ist aber auch nur von kurzer Dauer.

So sehe ich Sie – Feedback

Ein wichtiger Grund, Mitarbeitergespräche zu führen, besteht in der Möglichkeit, qualifiziertes Feedback zu geben. Ein Bogenschütze kann nur dann lernen, besser zu treffen, wenn er Rückmeldung über seine Treffer bekommt. Ihre Mitarbeiter können ihr Verhalten nur verändern und verbessern, wenn Sie von Ihnen – ehrliches und konstruktives – Feedback bekommen. Ihr Führungsverhalten und die Zusammenarbeit mit anderen können auch Sie nur verbessern, wenn Sie gezielt und offen entsprechende Rückmeldungen einholen.

Oft ist es uns auch peinlich, mit anderen über Verhalten zu sprechen, das uns ärgert oder nicht unseren Erwartungen entspricht. Oder das Verhalten Ihrer Mitarbeiter ist Ihnen gleichgültig. Feedback zu geben und Mitarbeiter zielorientiert zu entwickeln gehört zu den wichtigsten Aufgaben einer Führungskraft.

Rückmeldung kann eine Verstärkung oder eine Änderung des Verhaltens unterstützen.

Gutes Feedback erfüllt einige Kriterien:

- Es wird zeitnah zum Ereignis gegeben.
- Die Rückmeldung ist direkt, persönlich und positiv.
- Die Stellungnahme ist eher persönlich geprägt («Die Frage hat bei mir bewirkt…»).
- Es enthält konkrete Aussagen.
- Es konzentriert sich auf wesentliche Punkte.
- Es enthält konkrete Verbesserungsvorschläge.

Erst nachdenken – Gesprächsvorbereitung und Gliederung

Erfolgreiche Aktionen sind in den meisten Fällen auch das Ergebnis guter Vorbereitung. Das gleiche gilt für Mitarbeitergespräche. Die in die Vorbereitung investierte Zeit und Energie wird in aller Regel einen schnellen «Return on Investment» als besseres Gesprächsergebnis und gesicherte Umsetzung bringen.

Schaffen Sie günstige Voraussetzungen für das Gespräch, indem Sie Zeit und Ort sorgfältig auswählen. Überlegen Sie im Vorfeld, welche Ziele Sie haben und welche vermutlich Ihr Mitarbeiter verfolgen wird. Formulieren Sie mögliche Lösungen oder Wege zum Ziel. Denken Sie dabei in Alternativen. Nicht alle meine Vorstellungen lassen sich zu 100% umsetzen. Und denken Sie daran: Beenden Sie kein Gespräch ohne gemeinsame Ziele und konkrete Vereinbarungen zur Umsetzung.

Gespräche bestehen immer aus verschiedenen Phasen: Sie beginnen mit der Eröffnung, in der die Gesprächsteilnehmer sich aufeinander einstimmen können und in der der Anlaß des Gesprächs benannt wird. In der Hauptphase findet der Austausch zwischen den Gesprächspartnern statt und in der Abschlussphase sichern sie gemeinsam das Gesprächsergebnis durch eine Zusammenfassung und beenden das Gespräch – hoffentlich mit einer positiven Note.

Gesprächsvorbereitung – Schema

Situation	Was will ich erreichen? Was will Mein Gesprächspartner erreichen?
Analyse	Welche Gemeinsamkeiten gibt es? Welche Unterschiede?
Lösungen	Welche Lösungen/Alternative sind möglich?
Ziele	Was will ich unbedingt erreichen?

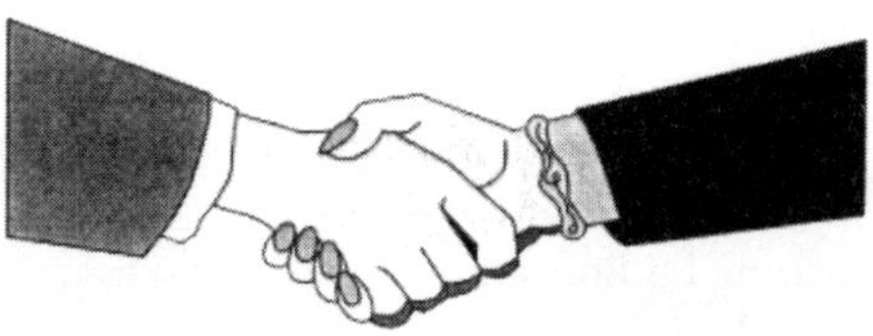

Unser Tip:
Wie wollen Sie das Gespräch beginnen? «Ah, Herr Müller, schön daß Sie Zeit haben. Es ist ja mal wieder Zeit für das Mitarbeitergespräch, wie immer müssen wir es im November führen …» Sehr motivierend, nicht wahr? Sie sind nicht der erste, der eigentlich wusste, was er sagen wollte, dem aber im entscheidenden Moment «die Worte fehlten». Überlegen Sie vorab, welche Themen Sie behandeln wollen, in welcher Reihenfolge und welche Argumente Sie anführen.

Literaturverzeichnis

Die nachfolgend angegebene Literatur stellt nur eine Auswahl der vorhandenen oder benutzten Literatur dar, die der Leserin wie dem Leser einige grundlegende oder besonders interessante Werke zur Orientierung nennt.

Für weitere interessante oder ausgefallene Literaturhinweise sind wir dankbar!

Aebli, H.: Zwölf Grundformen des Lernens. Stuttgart 1983.

Altmann, H.Ch.: Überzeugend reden, verhandeln, argumentieren. München 1992.

Ani, A.: Praxis der Projektplanung mit Netzplantechnik. Köln 1971.

Apitz, K.: Konflikte – Krisen – Katastrophen. Präventivmaßnahmen gegen Imageverlust. Frankfurt/Main, Wiesbaden 1987.

Argyle, M.: Körpersprache und Kommunikation. 5. Aufl., Paderborn 1989.

Baddeley, A.: So denkt der Mensch. München 1986.

Balck, H.: Neuorientierung im Projektmanagement. Köln 1989.

Bambeck, J./Wolters, A.: Brainpower. München 1991.

Becker, B.: Entscheidungen. Bremen 1991.

Bendixen, P./Kammler, H.: Planung, Organisation und Methodik innovativer Entwicklungsprozesse. Berlin 1977.

Berckhan, B.: Die etwas intelligentere Art, mit dummen Sprüchen umzugehen. München 1998

Bertelsmann Stiftung (Hrsg.): Politik überzeugend vermitteln. Wahlkampfstrategien in Deutschland und den USA. Gütersloh 1996.

Birkenbihl, V.: Erfolgstraining. 4. Aufl., München/Landsberg 1992.

Birkenbihl, V.: Stroh im Kopf? 21. Aufl., München/Landsberg 1995.

Birkenbihl, V.: Pscho-logisch richtig verhandeln. 6. Aufl., München/Landsberg 1990.

Blazek, A.: Projekt-Controlling. Starnberg 1991.

Böning, U.: Moderieren mit System. Wiesbaden 1991.

Bono, E. de: Taktiken und Strategien erfolgreicher Menschen. 2. Aufl., 1995.

Brandstätter, G. u.a.: Fehler im Projektmanagement. In: Zeitschrift für Führung und Organisation 57/1988.

Bredemeier, K.: Medienpower. Erfolgreiche Kontakte zu Presse, Funk und Fernsehen. Zürich-Wiesbaden 1991. Als Taschenbuch redigiert, Düsseldorf 1993.

Bredemeier, K./Schlegel, H.: Die Kunst der Visualisierung. Zürich-Wiesbaden 1991. Als Taschenbuch redigiert, Düsseldorf 1994.
Bredemeier, K.: Fernsehtraining. Zürich-Wiesbaden 1993.
Bredemeier, K. u.a.: Führungswissen punktuell. Wiesbaden 1992.
Bredemeier, K. u.a.: Führungspower. Wiesbaden 1993.
Bredemeier, K.: Gewissensverständnis. Baden-Baden 1992.
Bredemeier, K./Neumann, R.: Kreaktiv-PR. Zürich-Köln 1997.
Bredemeier, K.: Provokative Rhetorik? Schlagfertigkeit! 4. erw. Aufl., Zürich 1998.
Briggs, J./Peat, F.D.: Die Entdeckung des Chaos. München 1993.
Buzan, T.: Nichts vergessen! Kopftraining für ein Supergedächtnis. München 1986.
Capra, F.: Wendezeit. Bausteine für ein neues Weltbild. Bern 1983.
Casdorff, H.: Medien-Praxis für Manager. Düsseldorf 1991.
Comenius, J.: Orbis sensualium pictus. Dortmund 1979.
Correll, W.: Motivation und Überzeugung in Führung und Verkauf. Landsberg 1983.
Delp, L.: Das gesamte Recht der Publizistik. Neuwied o.J.
Döring, K.: Lehren in der Weiterbildung. Weinheim 1988.
Doppler/Lauterburg: Changemanagement. Frankfurt 1994.
Drucker, P. F.: Die postkapitalistische Gesellschaft. Düsseldorf 1993.
Ebeling, P.: Rhetorik. Stuttgart 1986.
Eibl-Eibesfeldt, I.: Grundriss der vergleichenden Verhaltensforschung. Zürich 1978.
Eppler, E.: Kavalleriepferde beim Hornsignal. Die Krise der Politik im Spiegel der Sprache. Frankfurt/Main 1992.
Farrelly, F.: Provokative Therapie. Berlin 1986.
Ferguson, M.: Public Communication – The New Imperatives. London 1993.
Field, S./Märthesheimer, P./Längsfeld, W.: Drehbuchschreiben für Fernsehen und Film. 2. Aufl., München 1990.
Fowles, J.: Why Viewers Watch. London 1992.
Frese, E.: Einführung in das Projektmanagement. München 1980.
Fricke, G.: Recht für Journalisten. München 1995.
Gerken, G.: Geist. Düsseldorf 1992.
Geissner, H.K.: Der Fünfsatz. Ein Kapitel Redetheorie und Redepädagogik, in: Wirkendes Wort 4/1968, S. 258 ff.
Geissner, H.K.: Rhetorik und politische Bildung. 3. erw. Aufl., Königstein 1986.
Geissner, H.K.: Fünfsatz, in: Historisches Wörterbuch der Rhetorik, Bd. 3, Tübingen 1996, S.484-487.
Geissner, H.K.: Sprecherziehung. Didaktik der mündlichen Kommunikation. 2. Aufl., Königstein 1982.
Geretschläger, K.: Medientechnik I. München 1983.
Gesellschaft für Projektmanagement/RKW: Projektmanagement, Bd. 1+2. Eschborn 1991.

Geyer, P./Hagenbüchle, R. (Hrsg.): Das Paradox. Tübingen 1992.
Geyer, P.: Das Paradox, in: Geyer/Hagenbüchle: Das Paradox. Tübingen 1992, S. 11 ff.
Goffman, E.: Wir alle spielen Theater. Die Selbstdarstellung im Alltag. München 1988.
Goleman, D.: Emotionale Intelligenz. München 1995.
Goossens, F.: Erfolgreiche Konferenzen und Verhandlungen. Landsberg 1987.
Gordon, Th.: Familienkonferenz. Hamburg 1972.
Gordon, Th.: Managerkonferenz. Reinbek 1982.
Graichen,W.: Das ABC der Arbeitsfreude. Speyer 1988.
Guirdham, M.: Interpersonal Skills at Work. London 1995.
Hagenbüchle, R.: Was heißt paradox?, in: Geyer/Hagenbüchle: Das Paradox, Tübingen 1992, S.27 ff.
Halbfas, H.: Das Dritte Auge. 4. Aufl., München 1989.
Haller, M.: Das Interview. München 1991.
Haller, M.: Recherchieren. 4. Aufl., München 1991.
Hammer, M./Champy, J.: Business Reengineering. 2. Aufl., Frankfurt/New York 1994.
Harpprecht, K.: Medien-Faschismus? In: manager magazin 7/94.
Harris, Th.: Ich bin o.k. – Du bist o.k. Hamburg 1973.
Heintel, P. u.a.: Projektmanagement – Eine Antwort auf die Hierarchiekrise? Wiesbaden 1988.
Heller, E.: Wie Farben wirken. Reinbek 1989.
Heyman, R.: Warum haben Sie das nicht gleich gesagt? Zürich 1998.
Hierhold, E.: Sicher präsentieren, wirksamer vortragen. 4. überarb. Aufl., Frankfurt 1998.
Hodgson, J.: Das souveräne Verhandlungsgespräch. Niedernhausen 1998.
Huber, W.: Sprachfallen und Denkunfälle, in: Geyer/Hagenbüchler, Das Paradox. Tübingen 1992, S.131 ff.
Jahncke, R.: Sprechtechnik und Redekunst. München 1988.
Jonas, H.: Das Prinzip Verantwortung. Frankfurt 1979.
Kellner, H.: Die Kunst, DV-Projekte zum Erfolg zu führen. München/Wien 1994.
Kellner, H.: Konferenzen, Sitzungen, Workshops effizient gestalten. München/Wien 1995.
Keplinger, W.: Merkmale erfolgreichen Projektmanagements. Graz 1991.
Kiyoshi, S.: Die ungenutzten Potentiale. München 1994.
Klimke, R./Schott, B.: Die Kunst der Krisen-PR. Paderborn 1993.
Krämer, W.: So lügt man mit Statistik. 4. Aufl., Frankfurt 1992.
Kreuzer, H./Prümm, K.: Fernsehsendungen und ihre Formen. Stuttgart 1979.
Krüger, W.: Projektmanagement in der Krise. Frankfurt 1986.
Lay, R.: Führen durch das Wort. Frankfurt 1987.
Lay, R.: Wie man sich Feinde schafft. Düsseldorf 1994.
Lay, R.: Dialektik für Manager. Frankfurt 1979.

Leuninger, H.: Danke und tschüss für's Mitnehmen. Zürich 1996.
Leuninger, H.: Reden ist Silber, Schweigen ist Gold. Zürich 1993.
Liebenau, F.v./Schönberger, M. (Hrsg.): Das Grosse Buch der Anekdoten von A-Z. München 1991.
Lyle, J.: Body Language. London 1990.
Maddaus, B.J.: Handbuch Projektmanagement. 3. Aufl. 1990.
Malik, F.: Systemisches Management, Evolution, Selbstorganisation. Stuttgart-Bern 1993.
Mees, J. u.a.: Projektmanagement in neuen Dimensionen. 2. Aufl., Wiesbaden 1995
Merten/Teipen: Empirische Kommunikationsforschung. München 1991.
Modellversuch Journalisten-Weiterbildung (Hg): Fernstudium Kommunikationswissenschaft.
Teil 1, 2. Aufl., München 1989.
Teil 2, 2. Aufl., München 1989.
Moores, S.: Interpreting Audiences. London 1993.
Morfill, G./Scheingaber,H.: Chaos ist überall ... und es funktioniert. Frankfurt 1991.
Müller, H.: Gesprächstraining. Dialektik für Manager. Zürich 1997.
Neumann, R.: Projektmanagement. Booklet des Personal Potential. Stuttgart 1995.
Neumann, R./Bredemeier, K.: Projektmanagement von A-Z, Frankfurt-New York 1996.
Neumann, R.: Target Talking. Das erfolgreiche Mitarbeitergespräch. Rio Economy 1997.
Oetinger, B.v.: Das Boston Consulting Strategie Buch. Düsseldorf 1995.
Patterson, T.E.: Out of Order. New York 1994.
Peter, B./Geri,W.: Entspannung. München 1991.
Pinker, S.: Der Sprachinstinkt. München 1998.
Pöhm, M.: Nicht auf den Mund gefallen. München 1998.
Popper, R./Ludwig, J.-C.: Bosse nach Wahl. Berlin 1997.
Postman, N.: Wir amüsieren uns zu Tode. Frankfurt 1988.
Projektteam Lokaljournalisten: ABC des Journalismus. 6. Aufl., München 1990.
Projektteam Lokaljournalisten: Journalismus und kommunale Öffentlichkeitsarbeit. München 1979.
Pürer (Hrsg.): Praktischer Journalismus in Zeitung, Radio und Fernsehen. München 1991.
Pursch, G.: Das große Parlamentarische Schimpfwörterbuch. 2. Aufl., München 1989.
Richardson, J.: Erfolgreich kommunizieren. München 1992.
Ruede-Wissmann, W.: Auf alle Fälle Recht behalten. München 1989.
Ruede-Wissmann, W.: Super Selling. München 1989.
Ruge, N./Wachtel, St.: Achtung Aufnahme. Düsseldorf 1996.
Ruhleder, R.H.: Rhetorik – Dialektik – Kinesik. 7. Aufl., Harzburg 1984.

Ruhleder, R.H.: Ruhleders Sprüche und Zitate. Würzburg 1994.
Scannell, P.: Broadcast Talk. London 1991.
Schneider, W.: Lingua Blablativa. In: Spiegel Spezial 1/95.
Schneider, W.: Wörter machen Leute. 7. Aufl., München/Zürich 1994.
Schopenhauer, A.: Eristische Dialektik. Zürich 1983.
Schult, G./Buchholz, A.: Fernsehjournalismus. Ein Handbuch für Ausbildung und Praxis. 3. Aufl., München 1990.
Sickel, Chr.: Mein Leben heisst Umsatz. Zürich 1998.
Shell AG: Die Ereignisse um Brent Spar in Deutschland. Broschüre, Hamburg 1996.
Sommer, V.: Lob der Lüge. 1992.
Spiegel Spezial: Die Journalisten – Ärgernis Presse. Hamburg 1/95.
Steinbrecher/Weiske: Die Talkshow. München 1992.
Tange, E.G.: Der boshafte Zitatenschatz. Frankfurt o.J.
Urban, D.: Chancen für Querdenker. Zürich 1996.
Vester, F.: Denken, Lernen, Vergessen. München 1978.
Vollmer, G.: Paradoxien und Antinomien, in: Geyer, P./Hagenbüchle, R. (Hrsg.): Das Paradox. Tübingen 1992, S. 152 ff.
Watzlawick, P. et al: Menschliche Kommunikation. München-Bern 1982.
Watzlawick, P.: Vom Schlechten des Guten oder Hekates Lösungen. München 1991.
Watzlawick, P.: Wie wirklich ist die Wirklichkeit? 19. Aufl., München 1991.
Watzlawick, P.: Die Möglichkeit des Andersseins. 2. Aufl., München 1982.
Watzlawick, P.: Die erfundene Wirklichkeit. München 1981.
Weissman, A.: Marketing-Strategie, 10 Stufen zum Erfolg, 4. Aufl., Landsberg/Lech 1994.
Weissman, A. u.a.: Sinnergie. Zürich 1997.
Wiedemann, P.: Krisenkommunikation. IZE Frankfurt o.A.
Wrede-Grischkat, R.: Manieren und Karriere. Verhaltensnormen für Führungskräfte. Wiesbaden 1990.
Wunderlich, D.: Arbeitsbuch Semantik. 2. Aufl., Frankfurt 1991.
Zelesnay, G.: Wie aus Zahlen Bilder werden. Wiesbaden 1985.
Zink, F.: Wendezeit für Manager. Wege zu einer neuen Unternehmenskultur. Frankfurt/Main 1994.

Ferner haben wir Artikel in Zeitschriften und Zeitungen ausgewertet, die nur in besonderen Fällen in der Anmerkung genannt wurden.